古宇田亮順●編

実習に役立つ
パネルシアターハンドブック

Panel Theater Handbook

古宇田亮順+松家まきこ+藤田佳子

萌文書林

はじめに

　子どもたちはお話を聞くのが大好きです。お母さんや保育者から読んでもらう絵本に目を輝かせています。私も学生時代に紙芝居や人形劇をもって日本各地の小学校や保育所、幼稚園等を訪ねて、多くの子どもたちの笑顔に出会いました。

　社会に出てからもますます子どもたちの前に立つ機会が増え、児童文化の研究、とくに貼り絵形式の絵ばなしには興味をもち続けていました。一方的にお話を話すのではなく、お話を通して、子どもたちとかけあいながら、楽しみ合い、膨らませ合って、進めていきたいと願っていたからです。そこで試行錯誤のなか、編者が30数年前に考案したのが、この「パネルシアター」です。この形式のものは、所属していた大学のクラブに一部ですが、フランネルグラフという名前で伝承されていました。これは描いた絵の裏に布地（フランネル）を接着させて、その絵を布地の舞台に接着させてお話を展開するものでした。それなりに楽しく活用できる手法でしたが、絵の裏面に布地があるため、裏面を見せることができず、今、出てきた方向に戻る場面などはつくれず、脚本づくりの上でも制約されていました。また描き上げた絵の裏に布地をのりづけすることもちょっと面倒でした。

　そんな不便さを解消すべく、いろいろな試みのなかで発見したのが、特殊加工された不織布でした。接着剤もないのに絵が表裏両面付着するこの手法は従来には見られない新しい発見で、これを使って新たな手法、新しい作品が次々に生まれました。描いた絵を切り抜くだけで簡単に絵人形として活動し、表裏両面付着のほかにも重ね貼り、ずらし貼り（スライド貼り）、投げ貼り等、作者演者の思うままに動いてくれる魅力たっぷりなものでした。加えて暗室のなかで幻想的に光る美しい手法も考案し、内容も童話だけにとどまらず、歌遊び、マジック遊び、言葉遊び、形遊び、手遊び等、幅広い分野の作品をつくり出すことができ、ここにパネルシアターと名づけたのです。

　文明社会の発達にともない、どんどん機械化されていく生活のなかで、手づくりの温かさ、必要性が見直され、パネルシアターの誕生は子どもばかりでなく、保育者、教育者、レクリエーション関係者等からいち早く歓迎されました。日本全国をめぐる機会にも恵まれましたが、海外での経験も強く印象に残りました。

　こんな喜びを少しでも味わってもらいたく、また保育実習、教育実習という緊張の場を少しでも和らげて無理なくできるよう綴ってみました。実習

生、初心者にわかりやすく楽しく活用されるよう以下のように、本書を構成いたしました。

　第1章では、パネルシアターのはじまりから、その魅力についてまとめています。第2章では、パネルシアターを通して子どもたちのなかにどのようなものが育つのかについて、現場での実践事例から説明しています。第3章では、パネルシアターの作品の選び方や絵人形のつくり方を中心に解説し、第4章では、パネル舞台のつくり方や設置の仕方と、実際の作品例を取り上げ、パネルシアターの演じ方について解説しています。最後、第5章では、実際に実習で活用する際の参考となるように、親しみやすい作品とともに、実習現場での実習生の事例を紹介し、実習での演じ方や展開を具体的に解説しています。

　また、本書全体にわたり、パネルシアターに関するエピソードを「コラム」として、具体的なヒントになるような事項を「ヒントとアイディア」としてちりばめました。巻末には、本書著者陣の新作パネルシアターを紹介し、「パネルシアターおすすめ作品」を一覧にして掲載しています。またこの度、パネル板や三脚が用意されていなくてもパネル布をもって垂直な黒板かホワイトボードがあれば実践できる方法も考え出したので記しておきます。手軽にできる楽しさも味わってください。

　公立幼稚園教諭、短期大学講師として自ら作成したお話、歌遊びの豊富な経験をもつ松家先生、そして短期大学、大学講師以外にも海外公演豊富な藤田先生の2人の熱心な協力執筆により、今までにない、初心者に、また実習生に役立つ内容の本となりました。初心者としていささか不安な立場、環境をよく理解して、できるだけ使いやすい作品を数多く提示紹介しましたので、実習生をはじめ、はじめてパネルシアターに出会う人にとって、最良なハンドブックとなるものと信じています。身近なところにおいて常時、気軽に利用されますよう願っています。

　パネルシアターの経験豊富な藤田佳子先生、松家まきこ先生協力のもと、萌文書林の服部雅生社長、田中直子氏、関山浩司氏にお世話になり、本書ができましたこと厚く感謝申し上げます。

　　2009年5月

　　　　　　　　　　　　　　　　　　　　編　者　古宇田　亮順

もくじ

はじめに ……………………………………………………………………… 1

第1章　パネルシアターとは ……………………………………… 7

§1　パネルシアターとは ……………………………………………… 8
§2　パネルシアターの誕生と広がり ………………………………… 9
§3　パネルシアターの魅力 …………………………………………… 10
§4　パネルシアターの表現分野 ……………………………………… 12

第2章　パネルシアターを通して
　　　　子どものなかに育つもの ………………………… 15

§1　先生大好き！──安心感を与え、信頼関係を育む＜養護＞ ………… 16
　☀事例　保育者に親しみをもち、園生活が楽しみになるために ……… 17
§2　できるよ！──進んで取り組む生活習慣＜健康＞ ………………… 18
　☀事例　身のまわりの自立への関心を高める ………………………… 18
§3　人っていいな！
　　　──コミュニケーションから育つ生きる力と心地よさ＜人間関係＞ ……… 20
　☀事例　親子の豊かなかかわりを育むパネルシアター ……………… 20
§4　楽しいな！──興味・関心の高まりで広がる遊びと生活＜環境＞ ……… 22
　☀事例　自然への興味・関心を高め、
　　　　　遊びや生活を広げるきっかけづくりとしての活用 … 22
§5　先生あのね！──心を通わせて育つ豊かな言葉と伝えたい気持ち＜言葉＞ … 24
　☀事例　「見たい」「知りたい」気持ちから育まれる、
　　　　　聞く態度とコミュニケーション力 ……… 25
§6　すごい！──さまざまな感情体験を通して育つ豊かな感性＜表現＞ ……… 27
　☀事例　心に残る名作──おもちゃのチャチャチャ ……………… 28
§7　表現する楽しさを知り、
　　　一人からみんなで楽しむ表現へ＜発展＞ ………… 29
　☀事例　みんなの夢を乗せたそり♪　メリークリスマス …………… 29

第3章　パネルシアターをつくる ……… 31

§1　パネルシアターの作品の選び方 ……… 32
1．テーマ別の作品の選び方 ……… 32
2．年齢別の作品の選び方 ……… 34

§2　パネルシアターを演じるために必要なもの ……… 38
1．作品となる絵人形 ……… 38
2．舞台となるパネル板 ……… 39
3．絵人形をつくるために必要な材料 ……… 39

§3　絵人形をつくろう ……… 40
1．下絵の準備 ……… 40
2．Ｐペーパーに下絵を写し取る ……… 41
3．色を塗る ……… 42
4．アウトラインを入れる ……… 43
5．切り取る ……… 44

§4　しかけをつくろう ……… 45
1．しかけのつくり方と技法 ……… 45
2．しかけの効果的な使い方 ……… 51
　☀ 事例　ケンちゃんとハナちゃんのなかなおり ……… 51

§5　パネルシアター製作の発展例 ……… 55
1．素材を生かしてつくろう ……… 55
　（1）葉っぱの絵人形づくり ……… 55
　（2）フェルトの絵人形づくり ……… 56
2．子どもとの作品のつくり方 ……… 56
3．ブラックパネルシアターに挑戦してみよう ……… 58
　（1）ブラックパネルシアターのつくり方 ……… 59
　（2）ブラックパネルシアターの演じ方 ……… 59

第4章　パネルシアターを演じる ……… 61

§1　パネル舞台と作品準備──舞台をセッティングしてみよう！ ……… 62
1．パネル舞台のセッティング ……… 62
　（1）幼児用のテーブルを使って舞台をつくる ……… 62
　（2）ダンボールを使った自作のパネル板で舞台をつくる ……… 64
　（3）市販のパネル舞台を使う ……… 65
2．絵人形のセッティング ……… 66

§2　演じるときの絵人形の取り扱い
　　　　──絵人形を実際に貼って動かしてみよう！……………………… 67
§3　演じるときの語り方　──基本的な心構え ………………………… 69
　　1．語り方 ………………………………………………………………… 69
　　2．動　き（姿勢） ……………………………………………………… 70
§4　実際に演じてみよう！　──「犬のおまわりさん」を演じる …… 71
　　実践　犬のおまわりさん ……………………………………………… 72

第5章　実習でパネルシアターを演じる …………………… 77

§1　実習でパネルシアターを演じる ……………………………………… 78
　　1．実習でのパネルシアターの作品の選び方 ………………………… 78
　　2．実習でパネルシアターを演じるときに …………………………… 78
　　　（1）演じる際の心構え ……………………………………………… 79
　　　（2）事前準備 ………………………………………………………… 79
　　　（3）服装・持ち物 …………………………………………………… 79
　　3．実習でパネルシアターを演じるときの留意点・注意点 ………… 79
　　　（1）よく起こってしまうこと ……………………………………… 79
　　　（2）失敗してしまったときは ……………………………………… 80
　　　　　実習直前　パネルシアターチェックリスト ………………… 81
§2　パネルシアターの実践事例から ……………………………………… 82
　　実践　コブタヌキツネコ（連続変身） ……………………………… 83
　　　　　　事例　一緒にうたって笑顔がいっぱい！ ………………… 85
　　実践　な〜んのクイズ？ ……………………………………………… 87
　　　　　　事例　クイズでコミュニケーション！ ………………… 89
　　実践　実習に役立つ「ピンポ〜ン」 ………………………………… 91
　　　　　　事例　子どもたちの声でいきいきと …………………… 95
　　　　　　下　絵──実習に役立つ「ピンポ〜ン」 …………………… 97

おわりに ……………………………………………………………………… 99

巻末資料① 新作！　パネルシアター作品 ……………………………… 100
　　「ぐんぐん大きくなった！」（シナリオ、楽譜、手遊び、下絵） ……… 100
　　「落としたどんぐり」（シナリオ、下絵） …………………………… 105
　　「犬のおまわりさん」（下絵） ………………………………………… 110

巻末資料② パネルシアターおすすめ作品紹介	114
本書参考文献一覧	120
著者紹介	121

本書囲み記事・マーク等について

本書では、以下のようなマークや囲み記事を掲載しています。

「パネルシアター作品名」

本文に関連するパネルシアターのおすすめ作品を示しています。各作品は巻末資料②の「パネルシアターおすすめ作品紹介」で紹介しています。

 パネルシアターに関する話題や、実習生や初心者のみなさんへのメッセージなどを掲載しています。

 実習生や初心者のみなさんに役立つパネルシアターに関する情報やアイディアなどを掲載しています。

 本文に関する留意点やポイントを示しています。

 本書でパネルシアターの実践事例に取り上げているパネルシアター作品の出典を示しています。下絵やつくり方などの詳細が掲載されている書籍などを示しています。

第4章、第5章での実践例で使用している表記内容は下記のとおりになります。

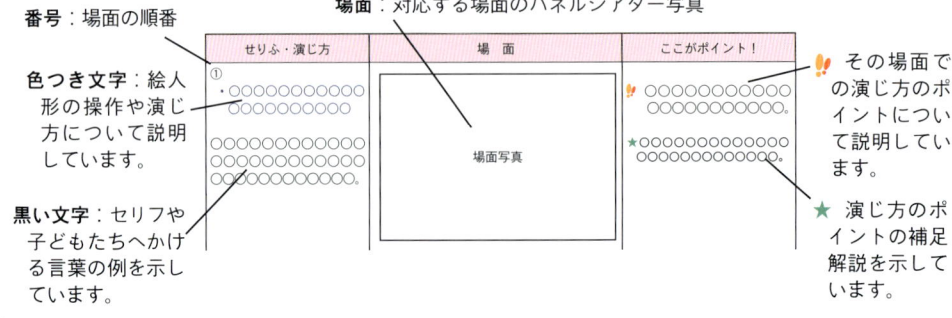

第1章

パネルシアターとは

§1 パネルシアターとは

　子どもへのお話が言葉だけでうまく伝えることができないとき、絵や写真など視覚に訴えるものを用いると楽しく理解されます。子どもにとって絵に対する関心、劇的な動きへの興味は非常に高いものがあります。そのため絵本、紙芝居、人形劇などはいつまでも子どもから愛され、広く親しまれています。

　その仲間として近ごろはパネルシアターも大いに利用されています。パネルシアターとは、「布地のパネル板に絵（または文字等）を貼ったり外したりしてお話、歌遊び、ゲーム等を展開して行う表現方法」で、1973年に筆者が名づけました。パネルシアターは、布地のパネル板に絵が貼られ、お話がはじまります。童話だけに限らず、歌遊び、言葉遊び、クイズ、ゲーム、手遊び等も加わり、その表現方法は広く、教材としての価値は高いのです。さらに暗室の黒の劇場（ブラックパネルシアター）まで加わると、幻想的な美しい画面が見られ、新たな感動も生まれます。

　手軽に扱え、手づくりもでき、操作も楽しく、実際に、子どもの前にパネル板が用意されるとみな笑顔で迎えてくれます。パネル板に絵がそのまま貼りつくことだけでもちょっとした驚きなのに、外すことも、裏返すことも、絵の上に絵を重ねることもでき、思わぬ展開も見られ、喜び、笑い、歓声、共感が大きくなります。楽しい展開を通して、一緒にうたい、考え、子どもに話す意欲、応答する力が生まれ、演者の一方通行にはならず、子どもとの一体感が高まるところにパネルシアターの計り知れない楽しみがあります。

　次々と生まれる作品等を通して、幼稚園、保育所や保育所以外の児童福祉施設、小学校、児童館、子育て広場、高齢者施設等広く利用され、それも国内だけにとどまらず、海外からもすぐれた日本の児童文化財として、高い評価を得て、教育の現場で熱望され利用されはじめているのです（海外の活動については、p.14 コラム参照）。

パネルシアターの実演風景

§2 パネルシアターの誕生と広がり

　学生時代からクラブ活動を通して、童話や人形劇等に親しんでいましたが、なかでも1人で手軽にできる絵ばなしは大変魅力的な教材でありました。

　とくに貼り絵形式の絵ばなしは愛着も深く、作品づくりにも意欲的になりかけていました。ただそのころは絵の裏側に布をのりづけしてつくる関係から、片面（表）しか見せられず、絵の上に絵を重ねて貼るとか、裏側の絵を用いるとかの自由性がなく、なんとかこの不自由性から脱皮せねばと考えていました。

　なんとしても表裏両面に絵が描け、しかもよく付着する素材を見つけるべく、布地の会社や紙の博物館等をひたすら探しまわって、ついに呉服屋で、不織布を発見し、絵を描いてみたところ、描画も良好、付着も可能ということで飛び上がらんばかりに興奮してしまいました。そこで、舞台のほうに使用する毛羽立ちのよい不織布を「パネル布」、絵人形のほうに使用する加工しやすい不織布をパネルシアターの「P」をとって「Pペーパー」と名づけました。不織布といってもその用途は広く、日用品でもマスク、ガーゼ、クッキングペーパーなど幅広く用いられており、実に100種類以上もの不織布が存在し、パネルシアターの素材に適さないものも多くあります。それゆえ、筆者が現在のパネル布に用いているのは日本不織布3150番を、PペーパーとしてはMBSテック130番、180番の不織布を用いています。絵も描きやすく、付着力も安定し、腰がしっかりして絵人形として使いやすいものです。

　パネルシアター誕生の上で画家の松田治仁氏から多大な協力をいただきました。松田氏は、最初、童話作家の松谷みよこ氏等と人形劇（太郎座）づくりに励んでいましたが、いくつかの絵ばなしに興味をもち筆者の作品づくりに協力してもらうようになりました。テレビの人形美術等を数多く手がけ、楽しくも上品な童画に卓越した手腕を発揮され、何よりもこの素材（不織布）の発見を心より喜んでくれました。惜しくも40代で早世されましたが、初期の作品とはいえ「シャボン玉とばせ」「まんまるさん」「とんでったバナナ」「くもの糸」「一本の鉛筆」等のすぐれた童画は30年以上経った今日でも、多くの人たちから愛されています。松田氏との出会いがなかったら、筆者自身こんなにパネルシアター作品をつくる気になったかどうか、またブラックライトや影絵式の舞台を考え出す意欲がわいたかどうか疑問に思うほど、私にとって松田氏は大きな存在でした。

　すぐれた童画の協力があればこそ、パネルシアターの誕生は、教育、児童文化、レクリエーションの関係者から歓迎されました。朝日新聞、読売新聞、NHKテレビ、日本テレビ、そして地方局からも放映、紹介され、理解されるようになりました。とくに手づくりの楽しさが伝わり、阿部恵氏、月下和恵氏、関稚子氏をはじめとするすぐれた作家が次々に生まれ、大学、短期大学等に同好会が誕生し、全国を巡回するまでになったのです。

§3 パネルシアターの魅力

　白の空間に風船や気球が貼られれば、そのまわりに空や雲のイメージがわき、テーブル、額縁、食材等が配置されれば部屋のなかが想像されます。画面が完全に埋め尽くされなくても、絵が1つずつ増えたり減ったりすることで次への期待が生まれ、観客もそれぞれのイメージを膨らませて内容を楽しむことができます。もちろん演者の操作、語り方などによっても、観客との間に好ましい雰囲気が生まれます。

　お話が不得手でも、簡単なパネルシアターのクイズや歌遊びだとすぐに子どもと仲良くなれます。あまり自信がなくパネルシアターを演じても、予想以上の反響の大きさに驚かされることもあります。はじめて実習に参加して、パネルシアターを演じたことでいきいきと明るい顔で子どもと接した喜びを語ってくれることが多いです。パネルシアターを演じてはじめて子どもから元気をもらい、勇気づけられる幸せを感じた人も多くいます。絵の力、言葉の力、音楽の力を借りながらとはいえ、保育者として教育者として、子どもとの間に温かい交流が生まれた喜びを感じます。

　ゆとりが出たら、ふだんの学校生活や職場だけにとどまらず、休日等を利用してボランティア活動に、読書活動に、レクリエーション活動等に出てパネルシアターを演じることも楽しいものです。経験が豊富になればなるほど、生活の幅も広がり心豊かな生活を送ることができます。

　栄養指導の作品づくりから野菜・果物等への関心を広めたり、星座の作品づくりをめざして天体研究をはじめてみたりと、好きな課題を見つけてその研究を深めていくことも望ましいでしょう。たった1枚の小さなパネルとはいえ、そこに広がる大きな夢をもてることはうれしい限りです。

　ここでパネルシアターの魅力を具体的に見る・演じる・つくる立場から考えてみましょう。

■ 見る立場から
① 布地のパネルという素材のやわらかさ、やさしさの上で展開される安心感。
② 保育者の明るい表情に接しながら味わう喜び。

③ 絵が貼りつき、その絵が自由に動く楽しさ。
④ 絵や演技に助けられ、声をそろえてうたえる喜び。
⑤ 一瞬の変化や意外性のある展開を通して、驚きや不思議な世界を味わう喜び。
⑥ 未知の世界、楽しい話、勇気ややさしさの話に触れ、心や気持ちが豊かになる。
⑦ 絵の展開に触発されて、みんなと一緒に手遊びを楽しめる。
⑧ クイズやゲームを通して応答できる喜び。
⑨ ときには絵を貼らせてもらったり、見た作品を劇遊び等にして楽しむことができる。

■ 演じる立場から
① 絵があるから素手でお話するよりも気軽にできる。自分の緊張した顔よりも、手にもった絵人形のほうに観客の目が向けられ、自然体で話しやすい。
② 相手の表情を見ながら、話の早さ、アドリブ等を生かせて個性的に話せる。
③ 絵を動かすことができるので、位置の交換や組み合わせ、裏返し等、手軽に自由に演じられる。
④ 1人でも多人数でも楽しみながら演じられる。
⑤ ピアノ、アコーディオン、ギター、キーボード等、楽しい音楽と合わせて行う心地よさがもてる。
⑥ 観客の喜ぶ姿を直接受け止めて行えるので余計に楽しみが増える。
⑦ 舞台設備が比較的簡単なのでどこででもできる。
⑧ 絵、音楽、演技があるので言葉の壁を超えて、国際交流の場でも楽しめる。

■ つくる立場から
① 絵を描いて切り抜けば貼れるので、簡単な作品はすぐつくりたくなる。
② 思いついたアイディアをお話・歌・ゲーム等に生かせる楽しみ。
③ 絵の配置や操作方法の楽しさを考え、作品が生み出す喜びへの期待がもてる。
④ 絵を描く、着色する等の作業から学ぶ作画表現の喜び。
⑤ Pペーパーの丈夫さから、絵が破けにくく、つくったものは何年でも使用できる。

column

たくさんの笑顔に出会い、子どもたちと遊ぶ楽しさを

子どもたちの笑顔のパワーはすごい！　この笑顔のためなら何だってがんばれちゃう！
　パネルシアターの演じ手は、子どもの笑顔を見逃すことなく、最高の位置から見つめることができます。「どきどき」「びっくり」「わぁ～」といった子どもたちの豊かな感情が、じかに伝わってくる距離間。演じ手のみが伝える側になるのではなく、子どもからもいっぱいの気持ちと笑顔が伝わってきます。この両者の一体感こそが「つながった！」という手ごたえになります。保育のなかで子どもたちとの心の距離が不安になったときも、パネルシアターがいつも助けてくれます。子どもと心がつながる喜びこそが保育の楽しさであり、やりがいともいえるでしょう。

§4 パネルシアターの表現分野

パネルシアターではどんな分野のものが表現しやすいのでしょうか。使い方を工夫すればもちろん、どのような内容でも表現することはできますが、ここではとくに保育所や幼稚園で使いやすく、楽しい分野を選んでみました。

① 童話・物語（名作童話、昔話、創作話等）

初心者にとっては絵人形が1つずつ増えていく話や交換、交代していく話、簡単に語れるものが演じやすい。作品を通して劇遊びへ展開するのも楽しい。

作品例　「大きな大根」「犬のおまわりさん」

② 歌（合唱）・歌遊び

字の読めない子どもには、絵で言葉を引き出してうたうことは楽しい。たとえば「咲いた 咲いた チューリップの花が」と絵に合わせてうたうと、そろってうたいやすくなる。絵は文字の替わりになるが、展開の楽しいものは長い歌詞のものでも、みんなでそろってうたうことができる。

作品例　「シャボン玉とばせ」「とんでったバナナ」

③ 言葉遊び

なぞなぞ、しりとり、逆さ言葉、早口言葉、鳴き声探し等、絵を出しながら展開するのは楽しい。果物、野菜、動物、植物等の略画から選びながらしりとりをしたり、逆さ言葉（とまと、きつつき、しんぶんし）を探したりして、言葉の習得ができる。「コブタヌキツネコ」（山本尚純・作）の作品の言葉遊び、歌遊びはそれ自体がしりとり、鳴き声が入っており、さらにパネルシアター独特の展開法を演じることにより楽しさが倍加する。50音認識の楽しい話や歌もパネルでつくりやすい。

作品例　「やおやのおみせ」「きれいなお窓」

④ 間違い探し

Aの画面「○△□」を最初に見せて、それをしまってBの画面「○□△」を見せ、AとBの配列の違いを探したり、着色の違いを考えたりする。慣れてきたら複雑な絵のなかでA面、B面の違いを見つけることも楽しい（認識、確認を通して集中力を養う）。

⑤ クイズ遊び

表面は単なる影とか単色の形の絵を裏返して正解の裏面を見せる。また帽子、靴、足跡などを見せて誰（動物）

作品例　「まんまるさん」「そっくりさん」

のものか当てる。なぞなぞの一部分を見せて正解を探す等、クイズ作品はつくりやすい。

⑥ 手遊び

作品を一度演じたあとに、手遊びを楽しんだり、作品と同時に手遊びを入れたりして、パネルシアターで楽しく遊ぶことは望ましい。

作品例「まるい卵」「カレーライス」

⑦ 図形遊び

○△□等を組み合わせて、乗り物や動物をつくったり、指定された特定の形に○△□だけをはめ込んでみたりして、想像しながら貼って組む作業は子どもも大好きである。形を○△□に限らずとも自由に図形遊びができる環境もつくりたい。

作品例「なんだろう三角」「まんまるさん」

⑧ 数遊び

歌と絵に合わせて数を覚えたり、数からイメージされるもの、たとえば「7」の場合なら「狼と7匹の子やぎ」「7福神」「白雪姫と7人の小人」など、「7」に関係するお話などを考えたりして数への認識を深める。

作品例「すうじの歌」「山のワルツ」

⑨ 色遊び

子どもにとって色を認識することにより会話も弾み、生活に楽しみが増える。色の言葉づかいも混色になると複雑だが、パネルシアターで楽しく覚えられるようにしたい。

作品例「おはようクレヨン」「まんまるさん」

⑩ マジック遊び

貼り方、展開の仕方の工夫でパネルシアターそのものがマジックのようだが、裏返しや配列の工夫によりマジックは誰でもできるので実演を通して学ぶとよい。

作品例「コブタヌキツネコ」「どうぶつカード」

⑪ 学習手段

文字の習得法（国語）をはじめ、算数、理科、社会、英語等、小中学校の教科内容は黒板では簡単に伝えきれないことも工夫次第で興味深く伝えられ、教育効果も上げられる。

⑫ 黒いパネル板による幻想的手段（ブラックパネルシアター）

夜の場面、ほら穴や土のなか、ほたるや星の世界等を表現するのには、ブラックライトを用いて黒いパネル板で行うブラックパネルシアターが効果的で、夢の広がる幻想的なステージがつくれる（ブラックパネルシアターについては、p.58 参照）。

作品例「おもちゃのチャチャチャ」「しょうじょう寺のたぬきばやし」

このように、パネルシアターを使ってさまざまな分野を表現することができます。子どもたちにパネルシアターを演じる際、作品選びなどの参考にするとよいでしょう。

ここまでは、パネルシアターの誕生から魅力などについて説明してきました。具体的な作品の選び方、つくり方、演じ方は、以後の第2章〜第5章で詳しく解説していきます。

column
世界に広がるパネルシアター

パネルシアターは、日本だけにとどまらず、海外の子どもたちにも大人気です。世界でも活躍するパネルシアターを通じてのエピソードをいくつか紹介したいと思います。

■ カンボジア ■

1980年に訪れた国は、内戦のため悲惨な状況にあったカンボジアでした。タイ国境にあったカンボジア難民施設で、不自由な言語のまま演じたものですが、パネルの絵にうなずき、笑い、そして大声でうたい出し、愉快そうに大げさなジェスチャーで応えてくれました。戦争で傷ついたり、肉親との別れを体験したつらい環境の子どもたちが見せてくれたあの笑顔は私にとって一生忘れられないものとなりました。

■ タイ・スリランカ ■

2004年12月インドネシア沖津波では各国に大きな被害をもたらしました。一瞬にして両親を失い孤児となってしまった子どもや、大切な友人を亡くして心を痛めた子どもたちを少しでも元気づけてほしいとの要請から、パネルシアターをもって、タイやスリランカを訪れました。海岸の学校が倒壊してしまったので、山のお寺の庭で演じたり、プレハブの仮校舎で演じたりしましたが、みんな真剣に楽しんでくれました。心を痛めて昨日までよく眠れなかった子どもが、よく休めるようになりましたとか、教室に笑い声が多くなりました等、うれしい便りをもらい、災害地を歩く自分たちも元気づけられました（写真：スリランカ）。

■ インド・ネパール ■

日本のインド料理店で、サリーを着た店員さんが注文をとりにきたので、「インドの方ですか？」などと話し合っているうちに、その人が私の顔をじっと見つめて、「もしかして十数年昔、ネパールのポカラの学校で白い板の上で絵ばなしや歌をうたってくれた人ですか？」というではありませんか。「どうして覚えていてくれたのですか。たった一度訪ねただけなのに」と答えると、「子どものときにあんなに楽しい経験はありませんでした。うれしくて忘れられません。そのときの喜びがあり、今、日本に研修に来ているのです」と上気した顔で答えてくれ、驚きと感動でいっぱいになりました。

■ モンゴル ■

モンゴルで少人数の幼稚園の子どもたちの前で演じるときも、それほど内容が異なることはありません。それでもはじけるような笑顔で迎えられると、パネルをもって海外交流する喜びはやめられません。

■ グアム島 ■

パネルシアターの間の日本の手遊びも会場の雰囲気が明るくなります。小学生から高校生まで、みんな一緒になって覚えたがります。

■ ラオス ■

勤務先の幼稚園や保育所の休みを使って、タイやラオスの施設を訪問し、現地の子どもたちの喜びを体験したパネル愛好家のなかには、さらに他の国でがんばってみようと青年海外協力隊員として活躍している人もかなりいます。

写真の実演者の活動の場は、ウズベキスタンやアフリカにも広がっています。

第2章

パネルシアターを通して子どものなかに育つもの

心をほぐして一緒にうたったり、かけあいをしたり、みんなで楽しむことのできるパネルシアターは、子どもたちに楽しさだけでなく、さまざまな経験を与えてくれます。

保育の基盤ともいえる安心感や信頼感、子どもの成長を支える豊かな感情体験や知的好奇心なども、パネルシアターを活用することでより効果的に育むことができます。教育・保育実習の際にも心強い教材となるでしょう。

子どもと心を通わせ、保育をいきいきと楽しくするために、この章では、「パネルシアターを通して子どものなかに育つもの」を保育現場の実践事例をもとに保育内容と合わせて紹介していきたいと思います。

§1 先生大好き！
―― 安心感を与え、信頼関係を育む

養護

保育を進めていくうえでもっとも大切なのは、「この先生といると楽しい！」という心地よさと安心感です。この心地よいかかわりの積み重ねによって信頼関係が芽生え、安心して自分で遊びや生活を創り出していけるようになります。また「大好きな先生が応援してくれているからがんばろう」と少し困難なことも乗り越えていける子どもが育つのです。

パネルシアターは絵が動くおもしろさに加えて、演じ手の表情豊かな語りかけを通して、保育者の魅力が伝わりやすい技法です。また、子どもの表情や反応に合わせて、やりとりをしながら進めていくため、集団でありながら、それぞれの子どもがまるで一対一で対話してもらえたような満足感を味わうことができます。

入園当初や保育実習の期間など、短時間でたくさんの子どもと仲良くなりたいとき、保育者の声や話し方に早く慣れて信頼関係を築きたいときにとくに効果的です。また、この時期の題材は、長いお話よりも親しみのある歌、家庭でも出会ったことがある身近で親しみやすい題材（動物・食べ物・乗り物）、くり返しの簡単な手遊びやクイズなどを選ぶとよいでしょう。

▶作品例
「まんまるさん」「まるい卵」「なんでもボックス12ヶ月」「そっくりさん」「アイアイ」「おはようさん」

事例

保育者に親しみをもち、園生活が楽しみになるために

　今年も新入園児の体験保育の時期がきた。親子で園長先生にあいさつをしたあと、保育室へ。保護者は教室の後ろに並べられた椅子へ座り、子どもたちはじゅうたんの上へ座る。集団生活をはじめて経験する子どもたちにとって、保護者と別々のスペースに座ることがどれほど不安なことか。待ち時間は不安を膨らませてしまうので、子どもたちの前に立ってすぐに「こんにちは。私は○○先生です。今日は幼稚園に来てくれてありがとう。一緒に楽しく遊びましょうね」とあいさつ。すかさず「まんまるさん」の絵人形を取り出して、「ころころころ、あれ？　白いまんまるさんが出てきましたよ。いったい誰でしょうね。♪まんまるさん～白い色のまんまるさん　あなたはいったいだぁれ？」とうたい出すと……、先ほどまであんなにかたく閉じていた口が次々に開いて「ボール！」「ゆき！」「ウサギ！」と思わず声を出しはじめる。答えてくれた子どもたちの目を見て笑顔でうなずきながら、「そうね。誰かしら？　♪ほらほらよ～く見てごらん　ぴょんぴょんぴょんぴょんわかるでしょう」とつなげると、今度はもっと自信をもってたくさんの子どもが大きな声で「ウサギ!!」と答える。「そう、あったり～！」保育者に受け止められたその表情はなんともうれしそうに輝いている。次に愉快な表情のブタが登場すると、もうおなかを抱えてじゅうたんの上に笑い転げる子どもたち。はじめてのメロディーもいつの間にか覚えて、身振り手振りをまねて手遊びに参加し元気な声を出す。最後に「また４月に会えるのを楽しみに待ってるね」と話すと、なごりおしそうに近づいてきて、ウサギの絵人形や保育者にバイバイと手を振ったり、握手をしたり。その様子を見ていた保護者もびっくり。「うちの子がはじめての場でこんなにうちとけて楽しむ様子を見てびっくりしました。先生の語りかけはまるで魔法のようです」と感激を伝えてくださる方もいた。

　入園や進級をして間もない園児に一番感じ取ってもらいたいのは安心感です。
　プロ並みの鮮やかな語り口より、むしろ、ゆったりとした温かい語りかけが子どもの心をほぐします。一方、迷いや自信のなさからくる間は子どもに不安感を与えますので気をつけて。大丈夫♪　子どもたちの視線はパネルシアターの絵人形に釘づけです。自信をもって明るく堂々とした笑顔で演じてみてください。

子どもがなかなかなじんでくれません。どうしたらいいでしょうか？

　実習園ではじめて子どもにあいさつをするとき、胸がドキドキしますね。「なんて声をかけようかな？」「どんなことをしたら喜んでもらえるかな？」なんて迷っているうちに声をかけそびれてしまったり……。
　実は子どもたちも同じ気持ちで、多くの場合は「どんな先生かな？」と様子をうかがっています。まずは、大きく深呼吸をし、気持ちを楽にして「おはよう」と声をかけてみましょう。そして、一人ひとりに「○ちゃんの髪ゴムはハートがついててすてきね」「○くんのくつした、かっこいい！」と、すてきだなぁと思ったことを素直に言葉で表現してみましょう。遊びのなかでも「こっちのほうからいいにおいがする。○ちゃんはお料理上手ね」と、場面をとらえそれぞれの動きのよさを認めましょう。また、困っているときにも、「あれ？　○ちゃんは何か探してるのかな？」「どうしたらいか一緒に考えようね」と声をかけてあげることで、子どもは安心して頼りにしてくれるようになります。こうした一人ひとりとの心のふれあいが、一斉活動のときの目の輝き（好奇心・意欲）にも大きく影響してきます。

できるよ！
── 進んで取り組む生活習慣

パネルシアターを見ながら心を弾ませ、声を立てて笑ったり、思ったことをどんどん伝えようとする子どもたちの表情は実に健康的でいきいきとしています。「おいしい！」と感じたものが体に一番吸収されやすいように、子どもたちに伝えるべき内容も、楽しく伝えることが大切です。根気よい積み重ねが必要とされる生活習慣指導も、教材や伝え方を工夫することで、子どもは驚くほどよく理解し、進んで行動できるようになります。

たとえば、安全指導や食育、手洗い・歯磨き・食習慣などの指導は絵本や紙芝居も数多くありますが、年齢や指導内容に合わせた教材選びに苦労するものです。その点、パネルシアターなら、1つの教材でも、さまざまな年齢や発達段階、クラス（目の前の子ども）の課題に合わせて、伝える内容を変えていくことができます。また、1枚の絵として完成されている教材と違って、絵の一部を動かしたり組み替えたりすることで、より楽しくわかりやすく伝えることができます。

ただ、指導のための教材という意味で作品を選ぶと、生活習慣指導を全面に出した作品を選びがちですが、「作品を十分楽しむこと」が指導効果にもつながることに留意し、単に説明のためだけにならないように気をつけましょう。たとえば、「カレーライス」は野菜に描かれた表情の変化（表は泣き顔⇔裏はにっこり顔）を使って、遊びながら食への関心を高めることができますが、これも「手遊び」と「フタを開けたときのおいしそうなカレーのしかけ」の楽しさがあるからこそ、子どもの興味・関心も高めることができるのです。

作品例
「カレーライス」「サンドイッチ」「はみがきのうた」「山のワルツ」「あわぶくかくれんぼ」

 事例

身のまわりの自立への関心を高める

今日もテラスに脱ぎ捨てられたヨシくんの靴。かならず片方がひっくり返ってる。よく見ると、違うクラスの下駄箱の前にも脱ぎ捨てられた靴が2足。下駄箱の中の靴も左右反対の靴が……！「もう！」と言いたくなるが、入園当初の緊張感がほぐれた6月ころにはよくある風景。その証拠に進んで保育者を手伝ってくれるエミちゃんは、昨日までかぜでお休みしていて久しぶりの登園で保育者に甘えたい様子。「くつパトロール隊ありがとう」とお礼を言うとにっこり。ほぐれた表情でお気に入りの砂場へとかけていく。夢中になって遊ぶようになった子どもたちの成長はうれしいけれど、やはり生活指導も大事。身のまわりの自立についても楽しく関心をもってもらおうと、集まりの時間に「くつあわせ」のパネルシアターをすることにした。

「♪くつ　くつ　くつあわせ　まいごのくつはどれでしょう～」とうたい、左右ばらばらの靴をパネル板に貼っていく。受動的な説明と異なり、子どもは自発的に手をあげてゲームに参加

しようとする。「まずは先生が挑戦！ 緑と緑ではい OK！」とわざと失敗すると、「違うよ〜へんだよ」と子どもたち。「え？ どうして？ あっそうか向きが違うのね。それならこれで、はい OK！」と靴をひっくり返すと、またまた「違〜う！」の大合唱！ パネルシアターは表裏両方に絵が描いてあって、向きも自在に動かせるので、並べたり重ねたり裏返したりしながら、形や模様、向きを確認できる。やっと正しい組み合わせにたどりつくと、今度は「ぼくも」「わたしも！」「やってみたい！」と次々に子どもたちが手をあげる。

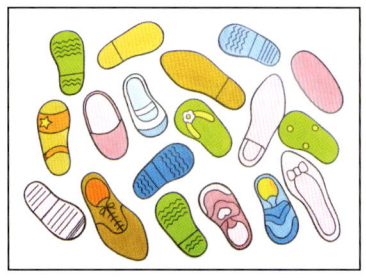

「おっちょこちょいの先生よりぼくのほうがずっとうまくやるぞ」と自信満々の表情のヨシくんに前に出てやってもらう。青い運動靴を上手くそろえてにっこり。拍手をもらってうれしそう。何人かの子どもに出てきてもらったあと、「次はくつパトロール隊のエミちゃん。さぁ、エミちゃんは名人だから、全部のくつをそろえてもらいましょう。全部そろうまでにいくつ数えられるかな？ みんなでかぞえましょう」「1・2・3……20！」「わぁ、エミちゃんすごい！」

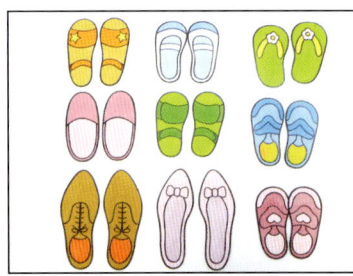

と大喝采。「みんなも靴あわせ名人になってまいごの靴がなくなるようにしようね」と指導を加える。クラスみんなで遊んだ「くつあわせ」の効果はてきめん、一人ひとりの子どもが自分の靴の始末に関心をもって取り組むようになった。また、子どもにとって靴の左右の違いを認識するのはむずかしいことだが、このパネルシアターを通して、靴の左右に興味をもって反対向きに気づける子どもが増えた。

※ 事例の作品は、パネルシアター「くつあわせ」を参考にアレンジ。
（参考）関稚子「くつあわせ」『またまたパネルシアターであそぼ』大東出版社

子どもは「〜しなさい」の言葉がきらい。でも、大人がしている楽しそうなことには興味津々でのってきます。パネルシアターは絵人形を提示しながら話すので、言葉だけではむずかしい内容もわかりやすく伝えることができます。また、ときにはこの事例のように保育者がわざと失敗してみることでポイントに気づかせたり、参加させてあげたりして遊ぶのも効果的で楽しいでしょう。

手洗いの苦手な子どもへの対応のポイント

「自分の体に関心をもち、清潔に保つ大切さと方法を知り、進んで手を洗うようになる」というのは理想ですが、この目標を常に意識して行動できるのはまだまだ先のこと。とくに、遊びや友だちとのかかわりに夢中になってきたころはおろそかになりがちです。ここで効果的なのが「〜したつもりごっこ」。これは、お風呂バージョンやうがいバージョンなどもでき、子どもたちが大好きな遊びです。みんなが集まったときに「さあ、今日は手洗いしたつもりごっこ！ みんなも一緒に洗いましょう♪」「水道の蛇口をひねってキュッ。手をぬらして、ジャージャー……、蛇口を止めるの忘れてた！ どっちに回すんだっけ？ みんな知ってる？ そうね、こっちにキュッ」と言いながら空想の泡ぶくを立てて洗い方を伝えながら遊びます。ときにはみんなで思いきり泥んこ遊びをすると、汚れが目に見えて「洗う楽しみ」「きれいになった満足感・気持ちよさ」もアップします。ほかにも、手洗いの歌や絵本やパネルシアターなどいろいろな工夫の仕方がありますが、子どもへの指導は、言葉の説明よりも楽しい体験のなかで得た「できた！」という自信や達成感、「気持ちよかった」という感覚が、「次もまたやってみよう！」という継続的な意欲につながっていきます。

§3 人っていいな！
——コミュニケーションから育つ生きる力と心地よさ

人間関係

　人への信頼感の芽生えは母子関係からはじまります。「ばぁ。ママですよ」「♪シャンシャンシャン〜きこえるね。かわいいくまちゃんの鈴ですよ。♪シャンシャン〜こっちですよ〜」母親は赤ちゃんの目を見つめながらやさしく語りかけ、見えるもの、聞こえるものに言葉を添えていきます。赤ちゃんはその心地よい語りかけに一生懸命耳を傾け、母親を見つめては手足をバタバタとさせたり、「アー」と声を出したりして答えます。このように、親子の温かな対話を通して人との信頼関係は築かれていきます。

　「見えるものに言葉を添え、子どもの反応に応えながら進めていくパネルシアター」は、この母子のコミュニケーションによくにています。完成された映像や絵を受け身で見る文化と違い、パネルシアターは子どものテンポや反応に合わせて演じ手と対話をしながら進み、子どもが積極的に物語や遊びの世界へ参加できる手法です。その点で、コミュニケーション型児童文化財ということもできるでしょう。子どもはパネルシアターを通して保育者とのコミュニケーションを楽しみながら、人と心を通じ合わせる喜びを味わい、人への信頼感を深めていきます。また、クラスのみんなで一緒に心をほぐして楽しんだり、物語の世界を共有したりするなかで、集団で過ごす楽しさも学んでいきます。

　実は、自ら進んであいさつできる気持ちや態度も、こうした「人と共に生きる心地よさ〜信頼感」が基盤となって育ちます。子どもたちには、パネルシアターの作品を通して、コミュニケーションの楽しさをたっぷりと味わってほしいと思います。

> **作品例**
> 「おはようさん」「ぐんぐん大きくなった！」「パンダうさぎコアラ」「まんまるさん」「犬のおまわりさん」「落としたどんぐり」「げんこつ山のたぬきさん」「大きな大根」

事例

親子の豊かなかかわりを育むパネルシアター

　私立B保育園は土曜日に親子を対象にした催しを行っている。ねらいはいろいろあるが、大きくは3つ。一つは、ふだん仕事が忙しい保護者に、日常の保育や子どもたちの様子を知ってもらい、理解と協力を得るため。また一つは、保護者同士の交流および親睦のため。そしてもう一つは、親子で楽しむ機会を通して、親子のかかわりを豊かにしてもらうため。定期的にB保育園でパネルシアターをさせていただくようになって3年目。とくに土曜日の催しの際には、親子のかかわりを多く取り入れた手遊びやお話を盛り込むよう、演目や演じ方を工夫している。

　たとえば、先日は「パンダうさぎコアラ」の作品で、「♪パンダ、うさぎ、コアラ、むぎゅ〜」とうたって、膝の上に乗せたわが子をぎゅ〜っと抱きしめてもらった。抱きしめてもらった子どもの「きゃあ〜っ!!」という歓声と笑顔に、保護者の表情も一気にほぐれ、「落としたどんぐり」のお話では、保護者が子どもの手を包み込むように握って「よいしょ！　よいしょ！」と引っ張

ると、ふだんはおとなしいナナちゃんもタクマくんも、満面の笑みではりきり、最後は親子でごろ〜んと倒れて大笑い。(「落としたどんぐり」の作品は p.105 でシナリオを紹介)

　また、親子のふれあいだけでなく、保護者同士も同じ時間を楽しむことで、気持ちがほぐれ、和気あいあいとした雰囲気になる。会がおわってからも、絵人形の前で記念写真を撮り合ったり、「楽しかったですね、お子さんはおいくつですか？」などとかかわり合う姿が見られた。

　1か月後にまたB園にうかがうと、保護者から「前回の"パンダうさぎコアラ"がお気に入りで、毎日やってやってとせがまれるんですよ」とか、「内弁慶だと思っていたタクマが、あんなに夢中になってうたうのでビックリしました。「落としたどんぐり」は全部暗記していて、いつもお風呂でお話してくれるんですよ」という話を聞くことができた。

　心をほぐして親子で共に楽しんだ経験は、日常の親子関係にも心のゆとりと豊かなコミュニケーションをもたらしてくれた様子。ナナちゃんもタクマくんも、会うたびに明るく人懐っこくなり、表情がいっそうかわいらしくなっていく。親子のかかわりが豊かになると、子どもの表情も輝いてくるから不思議だ。

　そして今日は、新作の「ぐんぐん大きくなった！」のパネルシアターを見せる日。

　私は「♪小さな小さな青虫くん〜いっぱい食べて、いっぱい遊んで、いっぱいねんねして、ぐんぐんぐんぐん、ぐんぐんぐんぐん、大きく大きくなっちゃった！」とうたって、小さな青虫をちょうちょに、オタマジャクシをカエルに、赤ちゃんカタツムリをお母さんカタツムリに変身させた。子どもたちは絵人形の変化とキャラクターのおもしろさに大喜び。そのうえ、パネルシアターがおわったあとに、リュウちゃんのお母さんが近づいてきて、「感動しました！子どもって、本当にいっぱい食べて、いっぱい遊んで、いっぱいねんねして、大きくなるんですよね。当たり前のことの大切さにあらためて気づきました」と言ってくださった。いつもわんぱくなリュウちゃんを追いかけるのに必死なお母さんが、明るく温かいまなざしでリュウちゃんを見つめていた。シンプルな作品のなかで、親子それぞれの味わい方ができるのも楽しい。パネルシアターを演じるたびに、みんなから笑顔と元気をもらう毎日。「また演じよう♪」とスキップしたくなる気分だった。(「ぐんぐん大きくなった！」の作品は p.100 でシナリオを紹介)

　パネルシアターのよさは保育者それぞれの持ち味を生かせるところです。明るく元気な人は元気いっぱいに、ゆったりと落ち着いた人は温かい語り口で演じるよさがあります。また、いつもシナリオどおりに演じる必要はありませんが、演じる前に絵人形の動かし方やセリフをよく練習しておくことは自信につながります。ときには鏡を見ながら表情の練習をするのもよいでしょう。「まんまるさん」「ぐんぐん大きくなった！」は、はじめてでも演じやすく、子どもとのやりとりを楽しめる作品です。また、「落としたどんぐり」はみんなで声をそろえる楽しさや一体感、協力することの大切さを味わえる作品です。

§4 楽しいな！
── 興味・関心の高まりで広がる遊びと生活

　パネルシアターは遊びのきっかけづくりにも役立ちます。「シャボン玉とばせ」の楽しく夢にあふれたシャボン玉を見れば、すぐにでもシャボン玉をしたくなりますし、「すてきなお手紙」のかわいいポストで遊べば、すぐに誰かに手紙を書きたくなります。それほど保育者の見せてくれる作品は子どもにとって魅力的で大きな影響力があるのです。また、保育者がクラスの子どもたち全員に見せた内容は、クラスみんなの共通体験となり、友だち同士でイメージを共有し合って遊びやすくなります。

　たとえば、「すてきなお手紙」を見たあとは、「一緒に郵便屋さんごっこしよう」「郵便屋さんの帽子とバッグもつくろう」「いいね。帽子には郵便屋さんのマークも描こうよ」「ポストにする箱も用意しなくちゃ」……という具合に共通のイメージをもとにやりとりし遊びが進めやすくなります。また、動物園の遠足の前に「誰のあしあと？」で遊べば、いろいろな動物の特徴や違いを知ろうとする意欲がぐんと高まります。ほかにも、色や形、文字、時計、季節の自然などを題材にした作品も数多くあるので、子どもの年齢や興味・関心、季節、伝えたい内容（保育のねらい）に合わせて作品を選ぶとよいでしょう。巻末の「パネルシアターおすすめ作品紹介」（p.114）も参考にするとよいでしょう。

作品例
数字：「すうじの歌」／色・形：「まんまるさん」「なんだろう三角」／時計：「山のワルツ」／文字：「すてきなお手紙」／自然：「どんぐりころころ」「のはらに咲いた」「雨ふりくまの子」「小さな庭」「誰のあしあと？」

 事例

自然への興味・関心を高め、遊びや生活を広げるきっかけづくりとしての活用

　「おはよう」「先生にこれあげる」。コトちゃんが小さな手に持った葉っぱを差し出す。赤と黄色に色づいていてとってもきれい。登園の途中で見つけて、大事にもってきてくれたのだろう。「わぁ、ありがとう。きれいね」てのひらに受け取ると、太陽の光を浴びてますますきれい。「どこで見つけたの？」「みずのとう公園」「そう、コトちゃんの髪につけたら似合うね。先生もこんなお洋服着たいな」。コトちゃんと楽しそうに話していると、ヒトミちゃんとセリちゃんも興味をもってよってくる。「そうだ！　もっといっぱい集めよう！」ヒトミちゃんが目を輝かせる。

　3人は鞄を置くとすぐに園庭へかけ出していった。しばらくして様子を見に行くと、3人は地面に葉っぱを並べて絵を描いている。

モッコクの赤い葉がきれい。「わぁ。すてき！」「幼稚園にもすてきな葉っぱがいっぱいあるのね」「あっ、あっちに黄色い葉っぱもある」と、コトちゃんがかけ出す。幼稚園の大きなイチョウの木の下には昨夜の強い風のせいか、たくさんの葉が落ちている。

「わぁいっぱい！」「イチョウの葉っぱって、なんだかスカートの形みたい」と私がつぶやくと、「小鳥さんのスカートなんじゃない？」「（２枚持って）ちょうちょにもなるよ」「りぼん」「らっぱ」……子どもたちの発想はどんどん広がっていく。

砂場にいたサヤちゃんやタクちゃんもやってきて、葉っぱを使ったごちそうづくりがはじまる。ござを敷いて、お皿を並べて、色とりどりの葉をちぎったり、まるめたり。

新しい素材（季節の葉っぱ）を取り入れたことで、いつものままごと遊びもぐんと盛り上がる。"一部の子どもだけでなく、もっとクラスのみんなに秋の葉の色の変化や形のおもしろさに気づいて遊びに取り入れてもらいたいな"そう考えたとき、ふと私のなかで、アイディアが浮かんだ。

何種類かの葉っぱを拾ってきて、試しにパネル板に葉っぱを貼ってみると……ついた!! すごい！ やわらかくて薄いモミジや細かい毛がついている葉はパネル板にとてもよくつく！

お弁当の前のお集まりの時間にさっそくパネル板にいろいろな種類の葉っぱを貼る。「これぜ〜んぶ幼稚園で見つけた葉っぱ。いろんな色といろんな形、いっぱいあるね」「ぼくも見つけたよ」「イチョウだ」と子どもたちも目を輝かせる。歌をうたいながら、パネル板の葉っぱを移動させて、形遊びをはじめる。

子どもたちは大喜び。これを機に子どもたちの自然への関心は高まり、たくさんの子どもたちが、「葉っぱ並べ」「葉っぱのバーベキュー」「たき火ごっこ」「木の実や葉っぱのアクセサリーづくり」など、木の葉や実を積極的に遊びに取り入れていく（p.55参照）。

一人の子どもが見つけた「すてき」をきっかけに保育全体がいきいきすることが結構あります。子どもはそれだけ「すてき」「おもしろい」に敏感で遊びの名人なのです。お集まりの時間は、「一人のすてきをみんなへ伝えるチャンス」。この時間を上手に使って遊びのヒントの種をまき、さりげなく遊びの材料や環境を整えてあげましょう。

はっぱっぱ　　作詞・作曲　松家まきこ

§5 先生あのね！
── 心を通わせて育つ豊かな言葉と伝えたい気持ち

言葉

　「楽しくて思わず聞きたくなる」「言葉を発して参加したくなる」これがパネルシアターの大きな魅力です。幼児期に「人の話を聞くことが楽しい」と思えることは、その後のあらゆる学び、社会性の育ちにとってとても大切です。「聞いてよかった」という満足感が、次もまた「聞こう」とする態度へつながります。また、心の通った楽しい対話を通して、伝えたくなる気持ちや言葉（語彙）も豊かに育っていきます。パネルシアターをしているとき、言葉を発せずにじっと見聞きする子どもも、演じ手の語りかけや友だちの言動に共感したり、自分なりの想像を働かせたりすることを楽しむなかで、言葉が育まれていきます。必要以上に言葉を引き出そうとせずに、それぞれの楽しみ方を受け止めましょう。

　演じ手は、環境として影響力の大きい存在であることを心にとめ、子どもに語りかける言葉は、心地よく美しい日本語を心がけましょう。

　パネルシアターは「絵＋言葉＋演じ手の動き（表情・口の形・身振り手振り）＋リズムや音楽の楽しさ」が一緒に伝わるために、少し高度な内容でも理解しやすくなります。たとえば、長い歌詞の「とんでったバナナ」や「おもちゃのチャチャチャ」、言葉遊びの「コブタヌキツネコ」、お話の「大きな大根」なども、パネルシアターで演じると子どもたちは驚くほど早くセリフを覚えてしまいます。

　クラスのみんなで取り組む劇遊びの題材をパネルシアターで見せてあげると、セリフや歌、話の流れが共通化され、子ども同士で役割分担をしたり進めたりしやすくなります。

　また、耳の聞こえない人たちに演じる際も、絵と演じ手の動きで楽しさが伝わり、一緒に呼吸を合わせ、かけ声やジェスチャーで受け答えをしながら楽しむことができます。理解しやすくみんなで楽しめる教材として、パネルシアターは幼稚園や保育所だけでなく、高齢者や施設実習のときもとても喜ばれます。

作品例
「コブタヌキツネコ」「な〜んのクイズ？」「やおやのおみせ」「おちたおちた」「そっくりさん」「落としたどんぐり」「大きな大根」「なんでもボックス12ヶ月」

「見たい」「知りたい」気持ちから育まれる、聞く態度とコミュニケーション力

　妹が生まれたばかりのケンちゃんは最近なんだか落ち着きがない。棚の上に乗ってみたり、絵本を読んでも「あ、それ知ってるよ！　あのね、ぼくんちにもあってね……」と、途中で言葉をはさんでは自分の話が止まらなくなり、物語の世界を十分に楽しめない様子。語彙はとても豊かなのにどこか一方通行で、言葉や気持ちのキャッチボール（コミュニケーション）になっていない。人の話を聞くゆとりはなく、「ぼくのことを見て」「もっとぼくの話を聞いて」という切ない気持ちばかりが私の胸に届く。

　今日もまた仲良しのヨシくんとのけんかがはじまった。「ば〜か、ば〜か」取っ組み合いになる直前に半ば必死でケンちゃんをヨシくんから引き離し、ぎゅっと抱きしめた。「わかった、わかった、嫌だったんだね。先生にケンちゃんの悲しい気持ちを聞かせて」と言葉をかけた。最初は「あいつが悪いんだ」を連発しながらじたばたとあばれていたケンちゃんも、だんだんとひざの上におさまって、「あのね、ぼくね、ヨシくんのつくってる積み木の家に入りたかったの、でも小さいからもっと大きくしたらいいと思ったんだよ」と話してくれた。「そうか、ケンちゃんは、大好きなヨシくんと一緒に入れるお家にしたかったのね。その気持ち、なんて言ったらヨシくんにわかってもらえるかな」「……ごめんね」「そうね。何も言わずに積み木を動かしたことと、いやな言葉を言っちゃったことは、ごめんね、ね。でも、ケンちゃんのしたいことも言っていいのよ」「入れて……かな？」「うん、そうね、それから〜？」「ヨシくん、お家をもう少し大きくしてもいい？」「うん、いいよ」「ケンちゃん、ヨシくん、すごい！　ちゃんと言えたね。さぁ、どんなお家ができるか楽しみ。どこからつくればいいかな？　大工さん２人で考えて」「もっといっぱい積み木をもってこよう」「うん！」２人は、笑顔で取り組みはじめた。ふう。

　今のケンちゃんに必要なことは、とにかくじっくり話を聞いてあげることと、きちんと受け止めてあげること。好きな遊びの時間には比較的それがしやすくても、みんなで過ごす時間にはどうしても一人ひとりを受け止めにくく、また「ぼくを見て」の行動が目立ってしまう。……そうだ、パネルシアターの「なんでもボックス12ヶ月」でクイズをしよう！　ケンちゃんはクイズが大好きだから、きっとクラスのみんなと一緒に楽しめるはず。さっそくプレゼントボックスの絵人形に動物や食べ物を入れて準備。お集まりの時間にパネル板を広げた。

　「さぁ。今日のプレゼントボックスはなんだか重た〜い。なんだかいろいろなものが入っているみたい。どきどきするね、なにかな？」

　「おばけじゃない？」「ケーキ？」……とそれぞれに声を出す。「ちょっとなんだか音がする」私が神妙な顔をすると、みんなが自然と静かになって耳をすませる。「カタカタ、カタカタ、ゴトゴト、ゴトゴト、ウッキッキー……あれれ？」

　「さるだ！」ケンちゃんもみんなも目を輝かせる。「そっと、ふたを開けてみよう。あれっ、開かない。そうだ、"開けよ開けよトントコトン"って呪文したら開くんだった。ではみんなも人差し指を出して一緒に呪文を唱えよう」

　「♪開けよ　開けよ　トントコトン！　パカッ」ふたを開けると「ほら、なが〜いしっぽが見えた」「やっぱりさるだ！」「あっそうか、アイアイだ！」子どもたちの表情は自信と期待感に満ちている。

　私も一人ひとりの表情を見つめながら大きくうなずき、「ジャ〜ン、あったり〜！『ぼくはア

イアイ。みんな当ててくれてありがとう』」とアイアイの絵人形を出す！
　「やったぁ！」と子どもたちはみんな大喜び。続いて、「『あれれ？　ぼく、中におやつを落としてきちゃったみたい？』あら、大変！　では次はアイアイくんのおやつを出してあげましょう」というと、「バナナだ〜！」とケンちゃん。「本当にそうかな？　ではヒントをよ〜く聞いてみんなも当ててね。アイアイくんヒントをよろしくね。『甘くて、冷たくて、とろり〜んとしてるおいしいものなぁ〜んだ！』」ケンちゃんもヒントの間はきちんと待って聞くことができた。
　知りたい気持ちから自然と聞こうとする姿勢（態度）につながっているのだろう。ヒントを聞きおわると、自信満々の輝く表情で、「アイス〜！」と答える。ちゃんと言葉のキャッチボールになっている！（ケンちゃんやった！）「あったり〜！すごいね」私の言葉も弾む。
　お弁当の時間もケンちゃんのグループではクイズ遊びで盛り上がる。語彙の豊かなケンちゃんは問題をつくるのも得意で、いきいきとした表情でみんなとのやりとりを楽しむ姿が見られた。

　言葉は一方的に発するだけでなく、受け止め合うことではじめてコミュニケーションとしての機能を果たします。パネルシアターを通して、子どもたちの「聞きたい気持ち」「伝えたい気持ち」を引き出し、言葉や心のやりとりを楽しむことは、自然と聞く態度やコミュニケーションの力を育むことにもつながります。またこの事例のように、家庭での様子が気になるときは、園でのよい姿を伝え、保護者とも連携を取りながら保育を進めるとよいでしょう。

hint & idea

手軽にできる "クイズ遊び" は実習でも大活躍！

　子どもはクイズ遊びが大好きです。言葉のやりとりを楽しみながら、子どもとすぐに仲良くなれる魔法のクイズ!!
　実習でも簡単に取り入れやすいハンカチと絵人形を使ったミニパネルシアターを紹介します。
　絵人形の上に濃いめのハンカチをかぶせ、あちこちをめくりながらヒントを出していきます。最後にパッとハンカチをはずして答えを見せましょう。大きなパネル板の用意をせずに、小さなパネル板でもすぐに行うことができます。
　ぜひ、実習でも試してみてください！

何かしら…。足みたい？

何かしら…。シッポ？

パッ！

キツネさんでした♪

つくってあるいろいろな絵人形も使うことができますね！

§6 すごい！
―― さまざまな感情体験を通して育つ豊かな感性

表現

　写真は、パネルシアターを見ているときの子どもの表情です。実にさまざまな表情をしていますね。

　「隠れているものは何か知りたくて真剣に見入る顔」「クイズの答えが当たって大喜びする顔」「鬼に食べられちゃうのではないかと心配している顔」「すてきなお話にうっとりする顔」「楽しい手遊びや歌に夢中で参加する姿」。

　いろいろな表情。どれも、なんていきいきしているのでしょう。夢中で心を働かせているときの子どもの表情は本当にキラキラと輝いています。

　自然とのかかわりや素晴らしい物語や音楽との出会いなど、子どもたちは日々の遊びや生活のさまざまな体験を通して、心を動かし感性を豊かにしていきます。

　「最近の子どもは冷めている」などという声もありますが、パネルシアターを通して出会う子どもたちの瞳はいつもキラキラと輝いています。子どもの心が乏しくなったのではなく、きっと、心から感動できる体験が少なくなったのでしょう。子どもたちの豊かな心を育むためにも、作品選びや演じ方を学び、どんどん演じてみてください。

　保育者自身がすばらしい作品にたくさん出会い、それを子どもたちと一緒に楽しむことが、子どもたちの感性を育むことへとつながっていきます。

作品例
★「おもちゃのチャチャチャ」、★「あわてんぼうのサンタクロース」、★「七夕」、「落としたどんぐり」「シャボン玉とばせ」「とんでったバナナ」「パンダさんこんにちは」「せんたく変身しゃわらららん」「ピンポ～ン」「三びきのやぎとトロルのおはなし」「きれいなお窓」
　※ ★印はブラックパネルシアター作品。

事例

心に残る名作――おもちゃのチャチャチャ

　ブラックパネルシアターの「おもちゃのチャチャチャ」はみんなが大好き。

　暗くした部屋の中ではもはやパネル板の枠も見えなくなり、黒い空間の中で、ブラックライトに照らされた絵人形たちだけがいきいきと浮かび上がる。フランス人形が花のドレスを揺らせば、子どもだけでなく大人までうっとりして一緒におどり出したくなるし、ロケットがチャッチャッチャ！と飛び出せば、本当に宇宙のかなたまで飛んでいってしまったように思える。

　「七夕会で全学年にパネルシアターを見せてあげてほしいの」主任の保育者にそう頼まれたときは、飛び上がるほどうれしかった。ふだんの教室では暗幕がなく、新人の私が自分のクラスのためだけに園の暗幕を借りるのは何となく言い出しにくく思っていた。「ブラック作品を見せよう！」私ははりきって前日からホールの窓に暗幕を貼り、舞台準備を行った。

　「まんまるさん」で導入をしたあとに、「七夕」と「おもちゃのチャチャチャ」を演じると、年少組から年長組、園長先生までが大感激。はじめて見るブラックライトの世界に心を引き込まれ、驚きと興奮でいっぱいになった子どもたちは、ほっぺを真っ赤にして目をキラキラさせて拍手をしてくれた。その次の日がすごかった。まだ自分のクラスの子どもを見るのに精いっぱいだった私のもとに、違うクラスの子どもたちが抱きついてきてくれたり、「またおもちゃのチャチャチャみせて」とよってきてくれる。なんて子どもは純粋でかわいらしいんだろう。保育がつたない私にこんなに親しみをもってくれるなんて！　パネルシアターをもっててよかった！　と心から思った。私のクラス（4歳児）のヨシくんは、「先生どうやってお星様持ってきたの？」と聞きにきてくれた。子どもの心にはまるで本物のお星様のように思えたのだろう。夢いっぱいの瞳に思わずにっこりしてしまった。ブラックパネルシアターの名作は子どもたちの夢と想像力を膨らませ、一人ひとりの心に印象深く焼きついたようだ。もっとびっくりしたのは、クラスで「みんなでおもちゃのチャチャチャをうたいましょう」とピアノを弾くと、5番までの長〜い歌詞をほとんど覚えてうたえたこと。パネルシアターは絵とともに歌詞が伝わるから覚えやすいことに加え、美しい絵と音楽の感動が子どもたちの記憶に印象深くきざまれたからだろう。その後も子どもたちの大好きな「おもちゃのチャチャチャ」は音楽会でうたったり、合奏に使うなど、思い出深い曲となった。

　ブラックパネルシアターは暗幕やブラックライトなどの準備が必要でひと手間かかりますが、七夕やクリスマス、お楽しみ会などの機会にぴったりで、子どもたちの心に残る感動的な作品を演じることができます。また、ブラック作品はかけあいを楽しむより、絵人形の美しさと音楽（歌）や語りをシンプルに味わう作品が多く、人前に出ると緊張しやすい人も演じやすいのが特徴です。

　ブラックパネルシアターについては、本書第3章（p.58）を参照してください。

第 2 章　パネルシアターを通して子どものなかに育つもの

§7　表現する楽しさを知り、一人からみんなで楽しむ表現へ

発展

　パネルシアターをはじめて見る子どもたちは、その不思議さとおもしろさに思わず見入り、声を出したり笑ったりして、自分なりの表現を受け止めてもらう喜びを味わいます。くり返し見るなかで、演じ手との対話を積極的に楽しむようになり、やがて一緒に見ている友だちと刺激し合ったり共感し合ったりする楽しさ、一体感を覚えていきます。ときにはみんなで一緒に声や動きを合わせる楽しさ、ときには物語の場面をそれぞれの思いで見つめ、自分とは違う考えもあることに気づく経験を通して、他者への理解と受け入れ、共に生きる力の基礎を学び取っていきます。

　さまざまな作品を見て楽しんできた子どもたちには、年長組になったらぜひ、子どもたちの絵を生かした作品製作と発表に取り組んでみましょう。パネルシアターの特性上、演じ手があまりたくさんいると発表しにくいので、2人〜6人くらいのグループが取り組みやすい人数です。誕生会や年少クラスに向けての発表などにぴったりです。また、子ども会など、クラス全体での取り組みの場合は、グループ作品をいくつか組み合わせてプログラムをつくるとよいでしょう（「子どもとの作品のつくり方」は p.56〜を参照）。

　「自分たちで描いた絵が動く喜び」、「仲間と一緒に相談、役割分担をして進める楽しさ」、「自分たちの作品を見てもらう喜び」など、発表を通してみんなで表現することの楽しさを味わうことができるでしょう。

作品例
「シャボン玉とばせ」「畑のポルカ」「おはようクレヨン」「大きな大根」「へんしんポテト」

 事例

みんなの夢を乗せたそり♪　メリークリスマス

　毎年クリスマスにブラックパネルシアターを見ている子どもたちが、今年はぜひ自分たちで作品づくりに取り組みたいと、大はりきり。「畑のポルカ」「おはようクレヨン」など、園の誕生会では、たびたび子どもたちの絵を生かした作品を5〜6人のグループで発表してきたが、ブラックライトの作品ははじめて。ちょっとむずかしいのでは？　と思ったのだが、子どもたちは「クリスマスはブラック作品をつくりたい」と思いを募らせる。フウちゃん、アカリちゃん、メグちゃん、アユムくん、キョウくんは仲良しの5人組。

　「よし、やってみよう！」「どんな作品にしたい？」と問いかけると、「サンタさんがプレゼントを配るのをみんなでお手伝いしたい！」「みんなでそりに乗りたい」と、次々にイメージを言葉に出していく。さっそく次の日、子どもたちが塗りやすいようにと蛍光色のペン型ポスターカラーを買い込み、描いてみるとびっくり！　ブラックライトを照らしても光らない！　ふだんの作品づくりでは大活躍のペン型ポスターカラーが使えないことがわかりびっくり！　チューブ式の蛍光絵の具を買い直すことにした。「そりを描こうよ」「私、描けるよ」フウちゃんがさっそくそりを描きはじめる。さすがはフウちゃん。すてきな形のそりになった。「そりには誰が乗

るの？」と私が聞くと「みんな!!」と声がそろった。ところがそれぞれが描いた絵人形は大きく、とてもフウちゃんの描いたそりにはおさまりそうにない。「そりを長く描き直せばいいんじゃない？」「せっかく描いたんだから描き直すのはいや」「人間を小さく描き直す？」「それももったいない」

　「う〜ん……そうだ！　Ｐペーパーをつぎたして長くしようよ」みんなの知恵を出し合って、そりはようやく完成！　それからは、どんどん作業が進んだ。「雪だるまも描こう！」「プレゼントももっと描こう！」共通のイメージのなかでそれぞれに思い浮かんだものをどんどん描きたしていく。驚いたのは、Ｐペーパーの隙間を見つけては、そのスペースに描ける星やプレゼントを描くので、Ｐペーパーを少しも無駄にせずに使い切ったこと。「もうＰペーパーは売り切れで〜す」というまで、夢中で描き続けていた。まさに子どもの意欲は不思議。やる気が出ると、ものすごい集中力を発揮する。そりにポケットをつけたり、糸をつなげたりするところは私が手伝ってようやく作品が完成！

　今回はブラック作品なので、暗いなかで演じるのはむずかしいと判断し、貼る役は私がやり、子どもたちは、歌と語りを分担して演じることにした。自分たちの描いた絵がブラックライトに照らされると、「すご〜い！」「やったぁ！」と大喜び。絵を見ながらセリフをつけ、歌をみんなで元気いっぱいうたった。「自分たちの作品ができた」という喜びから、何度も何度も進んで練習を重ねた子どもたち。発表当日、お客様からたくさんの拍手を受けて胸を張る子どもたちの姿は、一まわりも二まわりも大きく見えた。

　子どもは絵人形づくりが大好きです。水性サインペンなど、使い慣れているもので十分着色できますので、気軽につくってみましょう。また、材料費が気になる場合は、保存やしかけづくりは不便ですが、普通の画用紙の裏をやすりでこすり、毛羽立たせたものでもパネル板に貼ることができます。みんなで演じるときには、絵人形を貼る人、セリフを言う人、うたう人を分担するとよいでしょう。

> **column**
>
> ### 自分のよさを発見し、自信をもてるようになる
>
> "「歌声がとってもきれいね」「声がとても明るくていいわ」「笑顔がすてきですね」など、実習先の先生や保護者の方からうれしい言葉をたくさんかけていただきました"との実習生の話を聞きます。パネルシアターを演じると、その人らしさが引き出され、自分の知らなかったよさを発見できることが多々あります。自分のよさを知り、自信がもてるようになると、自然と表情もいきいきと明るくなっていきます。「元気な人は元気いっぱいに」「落ち着いた人はゆったりとした語り口で」というように、パネルシアターの演じ方には、その人それぞれのよさが生きるところに魅力があるのでしょう。

第3章

パネルシアターをつくる

§1 パネルシアターの作品の選び方

パネルシアターは、一つの作品でも保育のねらいや子どもの年齢、興味・関心に合わせて、いろいろと演じ方を工夫することができます。その点で、教材としても注目され、幼稚園や保育所だけでなく、小学校や保育所以外の児童福祉施設、海外支援活動（安全・衛生教育など）でも活用されています。作品ごとのテーマや対象年齢は限定されるものではありませんが、「子どもの姿や成長に合わせた作品選びが、より保育を豊かなものにする」という視点で、「テーマ別」「年齢別」の作品の選び方を紹介します。

1. テーマ別の作品の選び方

古くから伝わるお話や季節の歌は子どもたちに伝え続けたい題材の一つです。また、子どもたちに親しみのある動物や食べ物、色・形が出てくるクイズや手遊びなど、パネルシアターでは子どもたちの好奇心を引き出すさまざまなテーマが作品化されています。季節や子どもの姿、保育の流れに合ったテーマの作品を見つけて演じてみましょう。

■ 季節感を味わえる作品

季節ごとの自然の変化や行事は子どもの遊びや生活を豊かにする大切な要素です。

子どもたちは自然とのかかわりを通して、その美しさや心地よさを肌で感じ、自分の思いどおりにならない存在への偉大さに気づき、自然に対する畏敬の念をもてるようになります。また、伝統的な行事には子どもたちの健やかな成長への願いが込められており、自分たち一人ひとりが大切な存在であることを知り、成長の喜びや感謝の気持ちを感じ取れる機会となります。

絵本や紙芝居と同様にパネルシアターでも、季節の歌やお話を題材にした作品がたくさんあります。パネルシアターは、絵と動きによって子どもたちの関心を高め、内容をわかりやすく、印象深く伝えることができます。少し長い「七夕」のお話も、パネルシアターにすると最後まで集中して聞くことができます

作品例
春「雨ふりくまの子」「へんしんポテト」「のはらに咲いた」
夏「七夕」「おばけなんてないさ」
秋「どんぐりころころ」
冬「あわてんぼうのサンタクロース」「なんでもボックス12ヶ月」

し、遠足の前に「どんぐりころころ」の作品を演じて見せれば、自然への関心もいっそう高まります。クラスでうたいたい歌もパネルシアターで見せてあげると歌詞をあっという間に覚えてしまいます。

季節ごとに作品を選ぶ際のアドバイス

はじめてパネルシアターを演じる際や実習の際など、作品を選ぶときのアドバイスを3点まとめてみましたので、参考にしましょう。

① 季節の歌やお話を選ぶ
　本書で紹介している「作品例」を参考に保育のなかに取り入れたいものを考えて選びましょう。

② パーツを入れ替えて使える作品を選ぶ
　たとえば、p.91で紹介されている「ピンポ～ン」に出てくる「おばけ」を「鬼」にすれば、節分にぴったりの作品になります。「な～んのクイズ？」（p.87）も中身を季節に合わせた絵人形に変えるだけで、一年中使うことができます。

③ 季節に関係なく一年中使える作品を選ぶ
　実習の際も、季節に合わせた作品だけにとらわれず、自分が演じやすい作品を選ぶことをおすすめします。大好きな作品を楽しく演じることこそが、子どもたちと心を通わせて作品を楽しむための大切なポイントだからです。「作品例」や巻末の「パネルシアターおすすめ作品紹介」（p.114）を参考に自分のお気に入りの作品を見つけておきましょう。

■ 身近な動物・生き物への関心を高める作品

子どもたちは動物が大好き。ゾウやウサギ、ブタなど、体つきや動きの特徴がはっきりしている動物を好みやすく、自分の知っている動物や生き物が登場すると、瞳をキラキラさせて見てくれます。クイズの作品ではヒントに鳴き声を出すと小さな子どもでもわかりやすくなります。動物が登場する作品は親しみやすく、入園当初や子ども同士のつながりが薄い時期でも参加しやすい題材です。歌やお話も、鳴き声や動きをまねたり、手遊びを入れたりすることで、いっそうみんなで一緒に楽しめるでしょう。

作品例
「アイアイ」「みんなの広場」「あわぶくかくれんぼ」「そっくりさん」「誰のあしあと？」「コブタヌキツネコ」「ぐんぐん大きくなった！」

■ 色・形・数への関心を高める作品

パネルシアターは視覚的なわかりやすさとコミュニケーションの力で、興味・関心を高めやすい教材です。「今度は何色かな？」「そう、黄色いまんまるさんね」というように、問いかけたり認めてあげたりすることでいっそう意欲的に参加し、遊びながら自然に色・形・数への理解と認識を深めることができます。パネル板によくつくフェルトの作品（p.56）は、壁面を利用して、パネル板を低く安全な位置に設置し、子どもが自分で貼ったりはがしたりして自由に形遊びを楽しめるようにするのもよいでしょう。

作品例
「まんまるさん」「なんだろう三角」「おはようクレヨン」「すうじの歌」「のはらに咲いた」

■ 食べ物への関心を高める作品

　小さな子どもにとって「食べること」は「生きること」、生活の中心であり、もっとも五感を働かせて取り組む瞬間ともいえるでしょう。遊びの世界が広がる幼児期、食事への関心がおろそかになったように見える時期もあるでしょう。でも、そんなときこそ遊びのなかで食べ物への関心をもう一度高めてみましょう。想像力の豊かな子どもたちは、絵人形を見ながら、においや触感、歯ごたえを想像し、本当に食べた気分で遊びを楽しみます。「いいにおい」「サクッ」「トロ〜リ」など、においや食感を表す言葉を盛り込みながら演じると、楽しく食育指導にも生かせます。手遊びははじめはゆっくりと演じて見せ、みんなができるようになったら少し早めに演じるなど、くり返すことでより楽しめるようになります。

> **作品例**
> 「カレーライス」「たこ焼きパクッ！」「へんしんポテト」「なんでもボックス12ヶ月」「サンドイッチ」「畑のポルカ」「やおやのおみせ」

■ 夢や空想の世界を広げる作品

　子どもの好きなものを題材にした楽しい作品がまだまだいっぱいあります。絵が美しく夢あふれる作品は、子どもたちの想像の世界を広げ、豊かな情操を育んでくれます。パネル板全体を使って演じる作品が多いので、絵人形の配置や動かし方をよく練習しておきましょう。作品のおもしろさが十分伝わるように歌詞やセリフもしっかりと覚えて演じましょう。

> **作品例**
> 「とんでったバナナ」「そうだったらいいのにな」「おもちゃのチャチャチャ」「シャボン玉とばせ」「あわてんぼうのサンタクロース」

■ 子どもたちに伝えたいお話の作品

　登場人物になりきってドキドキワクワクしたり、クラスのみんなで声をそろえてセリフをいったり、心いっぱいにお話の世界を楽しむ子どもたち。すてきな作品にたくさん出会わせてあげたいですね。絵人形は出す順番どおりに重ね、いつでもすぐに演じられるようにしておきましょう。セリフを覚えたらできるだけ子どものほうを向いて演じられるようにします。また、しかけを生かした動きなど、作品ごとの見せ場の部分はスムーズに演じられるように、しっかりと練習しておきましょう。

> **作品例**
> 「大きな大根」「赤ずきんちゃん」「三びきのやぎとトロルのおはなし」「かさじぞう」「落としたどんぐり」「犬のおまわりさん」「せんたく変身しゃわらららん」

2．年齢別の作品の選び方

　パネルシアターは演じ方次第で幅広い年齢の子どもが楽しめる児童文化財ですが、年齢ごとの特徴や配慮点、好む作品の傾向を知っておくともっと保育に役立てやすくなります。子どもの成長に合わせて作品を選び、演じ方も工夫してみましょう。

　ここでも作品選びの目安となる作品例をあげていますが、低い年齢の子どもが楽しめる

作品はアレンジをむずかしくしたり工夫することで、年中児でも年長児でも楽しめるオールマイティな作品になります。0〜2歳児の作品例にあげている作品は3〜6歳児でも、また3〜4歳児にあげている作品例は、5〜6歳児でも楽しめる作品へとアレンジができます。低年齢児が楽しめる作品は異年齢児クラスなどで演じる際にも演じやすい作品といえるでしょう。アレンジの仕方など、演じ方の具体的な解説は、第4章、第5章を参照してください。

> **hint & idea**
>
> **年齢を問わないオールマイティ作品とパネル板なしで演じられる作品**
>
> パネルシアターは、演じ方を工夫することで、子どもの年齢や演じる環境などに合わせてアレンジし、楽しむことができます。とくにアレンジしやすい作品を下記にまとめましたので参考にしましょう。
> ● 年齢に関係なく（演じ方の工夫次第で）演じられるオールマイティ作品
> 　「まんまるさん」「コブタヌキツネコ」「そっくりさん」「まるい卵」「パンダうさぎコアラ」「ぐんぐん大きくなった！」「アイアイ」「だ・あ・れ？」「おもちゃのチャチャチャ」「なんでもボックス12ヶ月」「シャボン玉とばせ」
> ● パネル板がなくても演じられる作品
> 　「まんまるさん」「コブタヌキツネコ」「なんでもボックス12ヶ月」「ポンポンポケット」「誰のあしあと？」「きれいなお窓」

■ 0〜2歳児

パネルシアターは絵と生の声による語りかけや歌で進めるため、小さな子でも興味をもちやすく、集中して見ることができます。パネル板の高さや距離に気をつけて、ゆったりと温かい語りかけで、楽しさと安心感を味わえるように演じましょう。

ポイントとしては、単純でわかりやすい内容、アウトラインのはっきりした絵のものがよいでしょう。隠れていたものが出てくる「いないいないばあ遊び」、「わらべうた」が大好きです。身近な登場人物で、絵人形の数が多すぎないことも大切です。演じる際、一度にたくさんの絵人形を貼らず、やさしく語りかけながら、一つひとつゆっくりと見せてあげましょう。この時期の子どもは言葉のやりとりでの参加は少なく感じますが、キラキラした瞳で興味津々に見つめ、好きな絵人形が出てくると「アー」と指をさしたり、「キャッキャ」と声をあげて喜んでくれます。そんなときは「そうね、ぞうさん大きいね」「ブーブーぶたさんおもしろいね」と気持ちをくんだ言葉かけで応えてあげましょう。こうしたコミュニケーションを通して、子どもは安心感を得るとともに、言葉のため込みを豊かにし、人とかかわる楽しさを知っていきます。

作品例
「まんまるさん」「コブタヌキツネコ」「そっくりさん」「まるい卵」「パンダうさぎコアラ」「いないいないばあ」

■ 3・4歳児（年少組）

　好奇心旺盛で知りたがり屋さん。行動範囲も広がり、言葉も少しずつ増えてきて、「これなあに？」と問いかけると、自分の知っていることを一生懸命言葉にして伝えようとするようになります。ふだんはまだ一対一でのかかわりを求める時期ですが、パネルシアターを楽しむなかで、誰かと声が合わさる心地よさや手遊びをする楽しさなどを発見していきます。

　ポイントとしては、わかりやすく親しみのもてる内容、簡単で楽しい歌や手遊びがよいでしょう。「これなあに？」と問いかけて名前を当てるクイズも大好きですが、むずかしい内容だと興味がそれたり、不安になったりしやすい時期でもあります。クイズは簡単でわかりやすい内容にし、答えになる絵人形を見せてから自信をもって答えられるようにしてあげましょう。

> **作品例**
> 「みんなの広場」「アイアイ」「なんでもボックス12ヶ月」「だ・あ・れ？」「おもちゃのチャチャチャ」「シャボン玉とばせ」

■ 4・5歳児（年中組）

　さまざまなことに興味・関心が高まり、遊びに取り入れたり自分の世界を広げたりするようになります。友だちとのかかわりも盛んになってきて、クイズに手遊び、歌、お話……、楽しい作品をたくさん見せてあげたい時期です。パネルシアターを通して心や言葉をより豊かにし、みんなで一緒に遊ぶ楽しさを味わえるようにしましょう。

　ポイントとしては、親しみやすくみんなで声を出し合って遊べるクイズや手遊び、季節の歌、くり返しのおもしろさを味わえるお話などがよいでしょう。リズムや音楽に合わせて声を出す楽しさを引き出すのも効果的です。クイズのヒントの出し方は子どもの表情を見ながら工夫し、みんなで声をそろえて答えてもらうのも楽しいでしょう。また、遊びの幅を広げるきっかけづくりになる内容や劇遊びの題材をパネルシアターで見せてあげると、友だちとイメージを共有して取り組みやすくなります。

> **作品例**
> 「きれいなお窓」「雨ふりくまの子」「とんでったバナナ」「どんぐりころころ」「おちたおちた」「カレーライス」「ピンポ〜ン」「誰のあしあと？」「ぐんぐん大きくなった！」「あわぶくかくれんぼ」「犬のおまわりさん」「大きな大根」「三びきのやぎとトロルのおはなし」

■ 5・6歳児（年長組）

　物語の内容を理解し、主人公の気持ちに共感したり、絵の美しさやしかけの不思議さに関心をよせたりして、作品をより深く味わえるようになります。また、一人ひとりの言葉（語彙）が豊かになり、演じ手とのやりとりがいっそう楽しくなります。一つの作品をみんなで楽しむなかで友だちとのつながりやクラスの連帯感を深めていけるようにしましょう。

　ポイントとしては、絵の美しさや季節感、ストーリーのおもしろさを味わえるような歌やお話、夢や空想の世界を広げる作品などがよいでしょう。昔話や手品も大好きですし、少しむずかしいクイズや手遊びにチャレンジするのも楽しいでしょう。小学校への入学が近づいたころは、自分たちの成長や仲間とのつながりを感じ、保育者や友だち、家族

へ感謝の気持ちをもてるような歌やお話がいいですね。美しく幻想的なブラックパネルシアターも子どもたちの心に深く残ることでしょう。大勢で見るときは椅子の並べ方を工夫し、全員の子どもが見やすく一体感を味わえるように環境設定を行いましょう。

作品例
「おばけなんてないさ」「七夕」「あわてんぼうのサンタクロース」「おはようクレヨン」「へんしんポテト」「山のワルツ」「落としたどんぐり」「赤ずきんちゃん」「すてきなお手紙」「せんたく変身しゃわらららん」

column

先輩からの声 ── パネルシアターの魅力発見

　私がはじめてパネルシアターに出会ったのは大学3年生のとき。先輩の演じるパネルシアター部の公演ですっかり魅了され、すぐに入部しました。「どうしてあんなに絵がいきいきと動くのだろう」、「ブラックパネルシアターはどうしてあんなに美しく光るのだろう」と、はじめて見る技法への興味と、「自分でも作品をつくってみたい」という好奇心でいっぱいでした。ところが、入部してすぐに待っていたのは、次々にくる「公演依頼書」！　入部して自分がすぐに人前で演じるなんて、考えてもみませんでした。それでも、「大丈夫！　一緒に行きましょう！　すっごく楽しいから」という先輩の明るい笑顔に誘われ出発。そう、私の公演デビューはなんと、「島根合宿」からでした。

　私は自分に何度も「大丈夫、だいじょうぶ……。たくさん練習したし、体調も万全！」と言い聞かせました。合宿メンバーはたったの4人、もうあと戻りはできません。島根につくと住職の先生が笑顔で迎えてくださりお寺へ。その日の夕方、さっそくお寺の境内の野外ステージで、地域の子どもたちにパネルシアターを見てもらうことになりました。あっという間に16畳ほどのござは子どもたちでいっぱいになりました。年に一度訪れる私たちをどれほど楽しみにしてくださっていたのかがうかがえます。この期待に満ちた子どもたちの瞳をがっかりさせるわけにはいかない。私は大きく深呼吸をしてから、メンバーと一緒に舞台へ。

　「こんばんは！　今日はたくさんの作品を持ってきました。よろしくお願いします」と、先輩部員があいさつ。キーボードの伴奏に合わせて、「♪パッパッパッ、パネルシアター」とオープニングの鳥の絵人形が出てくると、会場から「わぁ～」と大歓声が上がりました。次は私の出番。勇気を出して、「ウッキッキー、島根のみんな、こんばんは～！」と話しかけると、びっくり。子どもたちは私ではなく、アイアイの絵人形に向かって「こんばんは～！」と元気な声を返してくれたのです。「そうか！　私は一人で演じているのではない。絵人形が主役になって子どもたちと対話をしてくれている。なんて心強い！」そう思うと、急にほっとして、次の言葉もすらすらっと出てきました。「ぼくはアイアイ！　今日はお友だちをたくさん連れてきました」………子どもたちの輝く笑顔と明るい歌声、笑い声はなんて素晴らしいのでしょう。ブラックパネルシアター作品をするころにはちょうど境内が薄暗くなり、「おもちゃのチャチャチャ」の星はまるで夜空のなかへ溶け込んでいくように思えました。緊張していた私の小さな心も、いつの間にか子どもたちの歌声と一体になって、広い夜空へと放たれていくようでした。この夢のような感動的な風景にうっとりとし、「子どもたちに喜んでもらいたい」その一心で、もてる力をすべて使い果たした私は、生まれてはじめて感じる充実感に満たされていました。

　公演がおわると「だんだんね～（＝ありがとう）！」「また見せて～」と方言交じりの温かい言葉と笑顔。私はこの経験を通してパネルシアターに夢中になり、作品づくりだけでなく、練習と公演にも積極的に参加するようになり、たくさんの財産を得ることができました。（筆者体験談／松家）

§2 パネルシアターを演じるために必要なもの

　パネルシアターに必要なものは大きく分けて2つ。「作品」と「舞台」です。「作品」はさまざまな題材をPペーパーでつくった絵人形で、演じ手の操作と語りや歌によってはじめて完成します。

　「舞台」は一般的に「パネル板」とパネル板を固定する「イーゼル」が必要とされていますが、実際には、「パネル布を貼れる平らな場所」（段ボール板・ベニヤ板・机・壁など）があれば十分演じることができます。パネル板のつくり方や大きさ、設置の仕方にはいくつかのバリエーションがあり、本書では実習のときにも手軽にできる舞台の設置の仕方も紹介していますので、詳しくは、第4章の「パネルシアターを演じる」（p.61～）を読んでみてください。

1. 作品となる絵人形

　パネル板に貼ったり、動かしたりして使う絵を絵人形と呼びます。絵人形は、Pペーパーというパネルシアター用の不織布に直接絵を描いてつくります。Pペーパーは耐久性にすぐれているため、何度でもくり返し使うことができます。

　子どもたちに伝えたい歌やお話、楽しいクイズ、季節の行事にちなんだ作品など、一度つくっておけば毎年使うことができ、大変便利。一生の財産となるでしょう。

　絵が描けなくても心配することはありません。市販の作品集を利用すれば、誰でも簡単につくることができます。保育に生かせるパネルシアター作品を、学生のうちにたくさんつくっておきましょう。

　発色のよさや温かみなどは手づくりの作品が一番ですが、忙しくてなかなか作品づくりが間に合わない人のために、カラーで印刷された作品も市販されています。保育の流れや指導計画に沿って子どもたちに見せたい作品を選び、手づくり作品と合わせて上手に取り入れていくとよいでしょう。

第3章 パネルシアターをつくる　39

2．舞台となるパネル板

　舞台となるパネル板は、厚手でやわらかい不織布（パネル布）を段ボールやスチロール板に貼ってつくります。パネル板の設置の仕方については、市販のパネルシアター用のイーゼルで固定するほかに、テーブルや移動黒板を利用する方法もあります（詳しくは第4章「パネルシアターを演じる」p.62～を参照）。

　実習先で演じる場合は、担当の保育者に「舞台」や「子どもの座席」の設置の仕方について、あらかじめ相談してから準備するとよいでしょう。

> パネルシアターのあとに製作活動をする予定なので、テーブルがたりません。舞台用のテーブルはとなりのクラスからお借りしてもよろしいでしょうか？

> 園にパネルシアター用のイーゼルがあるからぜひ使って♪

3．絵人形をつくるために必要な材料

　絵人形をつくる際に必要な基本的な材料は以下のとおりです。

下絵（作品集）

Ｐペーパー

鉛　筆

ハサミ（輪郭などを切る大きめの裁ち切りバサミと、細かいところを切る工作用のハサミがあると便利です）

彩色用にはペン型のポスターカラーも手軽でおすすめです！

絵の具

木工用または布用の接着剤
※ 紙用の接着剤や工作用ののりはくっつきません。以下、表記は「接着剤」。

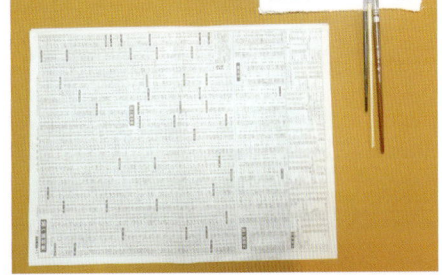

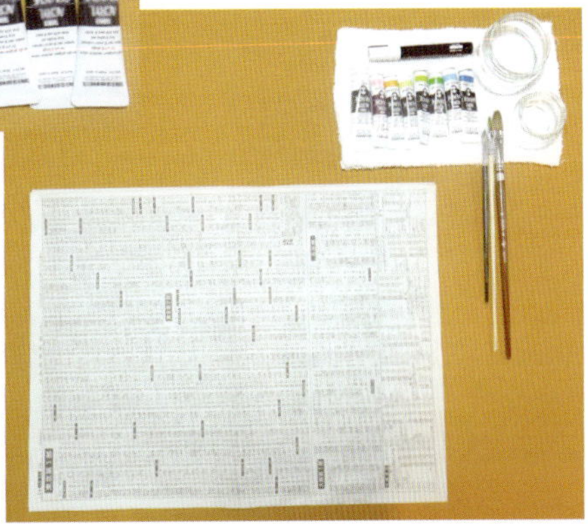

♪ 必要なものは事前にきちんと用意しておくと、製作の際、スムーズに作業できますよ！

油性ペン

ペン、絵の具、水入れ、筆と新聞紙の用意

§3 絵人形をつくろう

　さあ、いよいよ作品づくりをはじめましょう。つくりたい作品はきまりましたか。材料は、Pペーパーのほかは身近にあるものばかりです。ハサミなどの道具類も家にある使い慣れたもので十分。まずは一つ作品をつくり、演じてみましょう。実習のときにもきっと大活躍すること間違いなしで、子どもたちに出会うのが楽しみになりますよ。なお、この本の巻末にもおすすめ作品の紹介と拡大して使える作品の下絵のページがありますので、利用するとよいでしょう。

1. 下絵の準備

　経験豊富な作家の作品集には、子どもたちに伝えたい名作が数多く紹介されています。まずはいろいろな作品集を手に取り、季節や子どもたちの年齢、遊びの様子に合わせて、子どもたちに見せたい作品を選びましょう。タイトルだけでなく、製作方法や台本にも目を通し、自分自身が演じやすいもの、演じたいものを選ぶのがポイントです。

　作品集には絵人形をつくるための下絵のページがあります。そのままのサイズで写せるものもあれば、拡大コピーをして使うものもあるので、確認しておきましょう。図書館で借りた本の場合も汚さないように、下絵のページはコピーをしてから使いましょう。

たくさんの作品集が出版されていますので、いろいろ探してみましょう。

2．Pペーパーに下絵を写し取る（使うもの……下絵、Pペーパー、鉛筆）

さあ、実際に絵人形をつくってみましょう。ここでは、巻末資料で紹介している「ぐんぐん大きくなった！」（p.100）の下絵を例にあげて絵人形をつくっていきます。

まず、下絵の上にPペーパーを重ね、鉛筆で線を写し取ります。絵人形の向きを上下に組み合わせたり、大小の絵を組み合わせたりして、Pペーパーを無駄なく使いましょう。ただ、あとでアウトラインを太く描くので、絵と絵の間隔は1cm程度あけておくとよいでしょう。

コピー機を使って下絵をPペーパーに（手差し設定で）印刷することもできます。忙しい保育の合間での作品づくりには手軽なこの方法もおすすめです。ただし、家庭用コピー機（複合機も含めて）は水性インクを使用しているものが多く、色を塗る際に黒インクが溶け出して、きれいに色を塗ることができません。使用するコピー機がトナーか耐水性インクを使用していることを確認してから、印刷しましょう。

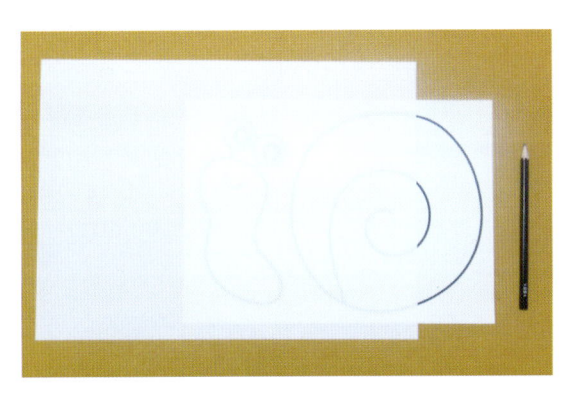

Pペーパーは薄くて丈夫な素材（厚手・薄手がある）ですので、下絵を写し取ることができます。ここでは巻末に掲載している「ぐんぐん大きくなった！」の作品の下絵を写し取ってみましょう。無駄なくPペーパーを使えば、この作品も3枚のPペーパーで、すべての下絵を写し取ることができます。

♪ Pペーパーの端切れも無駄なく捨てずにとっておくと、小さな絵人形やパーツづくりに使用できますよ！

hint & idea

下絵を写し取る際の豆知識

現在、市販されているPペーパーは表も裏も同様に描くことができます。

Pペーパーには厚手のものと薄手のものがあります。貼り合わせたり、重ねて貼ったりする絵人形は薄手（標準厚）のもの、大きな絵人形や手に持って動かす絵人形は厚手のもの、と使い分けるとよいでしょう。

下絵の線には絵のアウトライン（───）のほかに、切り込み線（─・─・─）、切り取り線（………）、糸止めの印（・）などが描かれていますので、Pペーパーに写し取る際にも描き分けておくとよいでしょう。

急いで仕上げたいときは、鉛筆ではなく、油性ペンでアウトラインを写し取ってもかまいませんが、切り込み線（─・─・─）や切り取り線（………）、糸止めの印（・）は、鉛筆で描いておきましょう。

♪ 「Pペーパー」は、絵人形用で、きめが細かく、絵を直接、描くことができる加工しやすい不織布です。
「パネル布」は、パネル板（舞台）用で、やわらかく毛羽立ちのよい不織布です。平らな板にピンと張って固定するだけで、絵人形（Pペーパー）がよくつく舞台になります（p.62～「パネル舞台のセッティング」参照）。また、絵人形同士を重ねて貼りたい場合の裏打ち用布（p.48～「重ね貼り」参照）としても使います。2つの不織布の特徴を理解しましょう！

3．色を塗る（使うもの……絵の具、筆、水入れ、雑巾、新聞紙）

　水彩絵の具やポスターカラーが一般的ですが、アクリル絵の具を使うと、より発色が美しく、耐水性と、保存性にすぐれたものができます。筆は、パネルシアター用や油絵用など、かための毛の筆が塗りやすくおすすめです。広い部分を塗るときは平筆、細かい部分を塗るときは先の細い筆を使いましょう。Ｐペーパーをあらかじめ、霧吹きやぬれ布巾で少し湿らせておくと、絵の具がぐんと塗りやすくなります。

　筆に水を含ませ、軽く絞ってから絵の具をつけＰペーパーに色を塗ります。絵の具に水を混ぜすぎると、にじんだり、色むらが出やすくなります。絵の具ののびが悪い場合は、筆先に水を少しずつ含ませながら、絵の具をのばしていきましょう。また、Ｐペーパーは裏に絵の具が染みやすいので、新聞紙を敷き、その上で塗る作業を進めましょう。

♪ 絵人形の「白目」など、白色で仕上げたい部分も白の絵の具やペン型ポスターカラーでしっかり塗りましょう！

　基本の塗り方をマスターしたら、趣のあるぼかし技法にもチャレンジしてみましょう。童謡や昔話の風景、登場人物などをぼかし技法で描くと、立体感や情感のある美しい表現ができます。

　まず、水用と絵の具用の２本の小筆を用意し、それぞれに水を含ませます。

　１本目の水用の筆でＰペーパーの表面にうっすらと水を塗り、絵の具をなじみやすくします（下地づくり）。

　２本目の筆に絵の具をつけ、絵の中心から外側に向かって、のばすように彩色し、（水で湿らせた程度にしておいた）水用の筆で少しずつ絵具をのばしていくと、きれいにぼかしが効いて、やわらかな立体感が出ます。また、何色か塗り重ね、そのつど水筆でぼかしていくと、風景などの情感や立体感を表現することができます。

ぼかし塗り

アウトラインを入れて完成

hint & idea
ペン型ポスターカラーの活用

広い部分を塗るときや色の種類の豊富さでは絵の具がもっとも適していますが、ペン型のポスターカラーも手軽で便利です。細かい部分を塗る際や、忙しい合間の時間を活用しての色塗りに適しています。
保育のなかで子どもが絵を描く際にも、ペン型のポスターカラーや水性サインペンは扱いやすく便利です（保育のなかで作品づくりに取り組む場合は p.56 の「子どもとの作品のつくり方」も参考にしてください）。

hint & idea
色を塗る際の豆知識

- 絵の具の色は、明るく、淡い色で塗ったほうが、あとで描くアウトラインがはっきりと見え、遠くからでも見栄えのする絵人形になります。
- 色を重ねて立体感を出したい場合は、一度筆を洗い、水分をよく絞ってから新しい絵の具をつけ、色を塗り重ねてのばしていきます。
- 頬の色つけやハイライトは、先に塗った色が完全に乾いてから、乾いた筆にピンクや白などの色を少量つけ、色を少しずつ重ねながらぼかしていきます。
- また、頬やハイライトの部分だけ、色鉛筆を使って塗る方法も簡単でおすすめです。

4．アウトラインを入れる（使うもの……黒油性ペン）

黒のアウトラインを入れることで、絵人形は見違えるほどいきいきとします。遠くからでも表情や動きがはっきりと見えるように、アウトラインは太めの黒の油性ペンで描きます。線の太さは作品集の下絵に描かれた太さを参考にし、目のふちや細かい部分は細字用の油性ペンを使いましょう。

♪ 絵人形を貼り合わせて「裏返し」（詳細は p.45 参照）にする場合は、まず 1 枚（片面）だけ先にアウトラインを描いて切り取り、2 枚の絵を貼り合わせて切り取った後に、もう 1 枚のアウトラインを描くと表と裏の線が合ってきれいに仕上がります！

hint & idea
アウトラインを描く際の豆知識

表と裏を貼り合わせてつくる絵人形やアウトラインのつなぎ目を描く場合は、上でも紹介したように、片面を先につくって切り取り、もう 1 枚を貼り合わせてから切り取って仕上げると簡単です。
アウトラインは均一の太さで描いてもよいのですが、絵の上のほうは細く弱い線で、下のほう（底辺に当たる部分）は心もち太く強い線で描くと、線に表情が出て、どっしりとした存在感や立体感を出すことができます。試してみるとよいでしょう。
童謡や昔話の風景、登場人物などのアウトラインは、墨汁をつけた筆で描くと趣のある絵に仕上がります。

5．切り取る（使うもの……ハサミ）

アウトラインに沿って、できるだけ余白を残さないように切り取ります。

ただし、手足や髪の毛、首などが細かく描かれている場合は、余白を残して切り取った方が、折れ曲がりにくく、扱いやすい絵人形になります。作品集の下絵に、アウトラインとは別に切り取り線が記されている場合は、切り取り線に沿って切り取りましょう。「重ね貼り」や「差し込み」など、絵人形同士が重なる部分は、余白を残さずに切り取ります。

基本の絵人形　完成

ここでつくった絵人形を例に、次の§4ではこれらの絵人形にさまざまなしかけをつくり、完成させていきましょう。

hint & idea
パネルシアター作品の保存の仕方

Ｐペーパーはとても丈夫ですので、きちんと保存しておけば、つくった絵人形やパネルシアター作品は何十年も使うことができます。一生懸命つくった作品の一部だけがなくなってしまったりしないように、作品の絵人形はしっかり整理し、保存しておきましょう。
① 絵人形は演じる順番に重ねておきましょう。
② 通気性のよい大きな封筒に入れ、平らな状態で保管しましょう。厚紙を1枚入れておくと、絵人形が折れにくくよいでしょう。
③ 作品のシナリオや楽譜なども一緒に封筒に入れておきましょう。
④ 封筒の表には作品のタイトル、作者名、作詞・作曲者名、製作年月日を、裏には絵人形の種類や留意事項などを記載しておきましょう。
⑤ 直射日光を避け、風通しのよいところに保管しておきましょう。

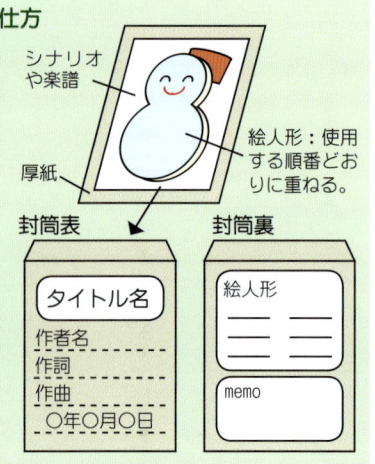

シナリオや楽譜
厚紙
絵人形：使用する順番どおりに重ねる。
封筒表　封筒裏
タイトル名
作者名
作詞
作曲
〇年〇月〇日
絵人形
memo

§4 しかけをつくろう

　§3では、絵人形の基本的なつくり方について説明しました。§3で例としてあげた絵人形もしかけ（「裏返し」と「糸止め」）をつくって完成となります。基本的なつくり方で解説したように、Ｐペーパーに絵を描いただけでも、絵人形をつくることができますが、ここで紹介するようなさまざまなしかけをつくることで、パネルシアターのおもしろさは格段に広がります。

　あっと驚くしかけは場面を盛り上げ、子どもたちも大喜び。しかけを効果的に使うことで、作品のおもしろさや不思議さが増し、パネルシアターならではの幅広い表現が生まれるのです。

　ここでは、§3で取り上げた「ぐんぐん大きくなった！」の絵人形のしかけづくり（仕上げ）とともに、そのほかの基本的なしかけのつくり方についても説明します。また、パネルシアターならではの代表的な技法についてもいくつか紹介したいと思います。

1．しかけのつくり方と技法

■ 裏返し（使うもの……接着剤）

　1つの絵人形が、裏返すことで後ろ向きになったり、向きが変わったり、まったく違うものに変化したりする技法です。

・左右の向きを変えるだけのときは、1枚のＰペーパーに描きます。

表　　　　　　　裏　　　　　　　小さいカタツムリ完成

1枚のＰペーパーの両面に絵を描きます。アウトラインの位置が両面同じなので、裏写りの心配もなく、ひっくり返すだけで、カタツムリの向きが変わります！

---

hint & idea

絵人形が折れ曲がっちゃった……

"せっかくつくった絵人形が折れてしまった！" でも大丈夫！
　もしも絵人形が折れてしまったら、厚い本などを重石にして、しばらくおいておけば、ほとんどの場合はまっすぐ元どおりに戻ります。またそれでもまっすぐ元どおりにならない場合は、あて布などをして、低温（弱）のアイロンでやさしくのばしてあげると元どおりに戻りますよ！

- 後ろ向きを描いたり、表と裏でまったく違うものを描きたいときは、1枚のPペーパーだと裏写りしてしまうので、2枚のPペーパーにそれぞれ絵を描き、接着剤で貼り合わせます。

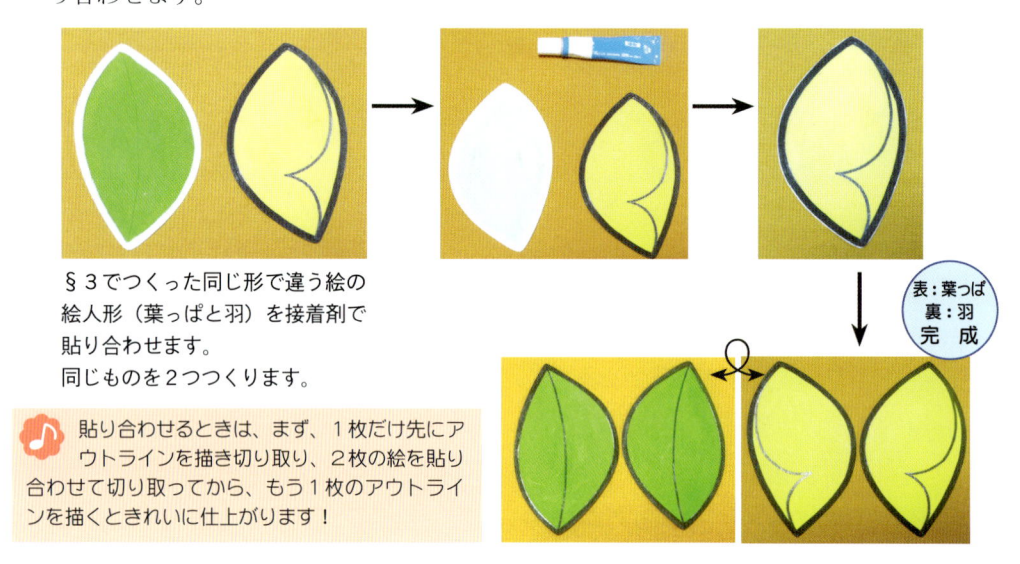

§3でつくった同じ形で違う絵の絵人形（葉っぱと羽）を接着剤で貼り合わせます。
同じものを2つつくります。

表：葉っぱ
裏：羽
完　成

♪ 貼り合わせるときは、まず、1枚だけ先にアウトラインを描き切り取り、2枚の絵を貼り合わせて切り取ってから、もう1枚のアウトラインを描くときれいに仕上がります！

同様に、カエルの頭と池、カエルの体と池（小さいほう）を貼り合わせましょう。

表：カエル
裏：池
完　成

　この「裏返し」の技法を使って、以下のような前向きと後ろ向きの絵人形や表情や、動きを変化させた絵人形もつくることができます。

　パネルシアターの代表的な一番使う技法といってもよいでしょう。

前と後ろ

動作と表情の変化に！

第3章 パネルシアターをつくる　47

■ 糸止め（使うもの……針、糸、ハサミ）

　手や足など、絵人形の動かしたい部分を別々に描き糸止めすると、絵人形に動きを出すことができます。ただ、必要以上に動く部分をつくると、かえって扱いにくくなるので、動かす部分は、本当に必要な箇所だけにしましょう。糸止めには「玉止め」と「輪止め」があります。まず、絵人形同士をつなげて、動きを出すのに便利な「玉止め」のやり方を、先ほどつくった「アオムシ」と「カタツムリ」を例に説明します。

＜玉止め（動きを出す・つなげる）＞

・太口もめん糸を2本取りにして、大きな玉結びをする。

・2枚の絵に糸を通す。

・もう一度大きな玉結びをする。

・余分な糸を切る。

アオムシ完成

　玉止めの応用で、カタツムリの胴体と殻をつくっていきましょう。

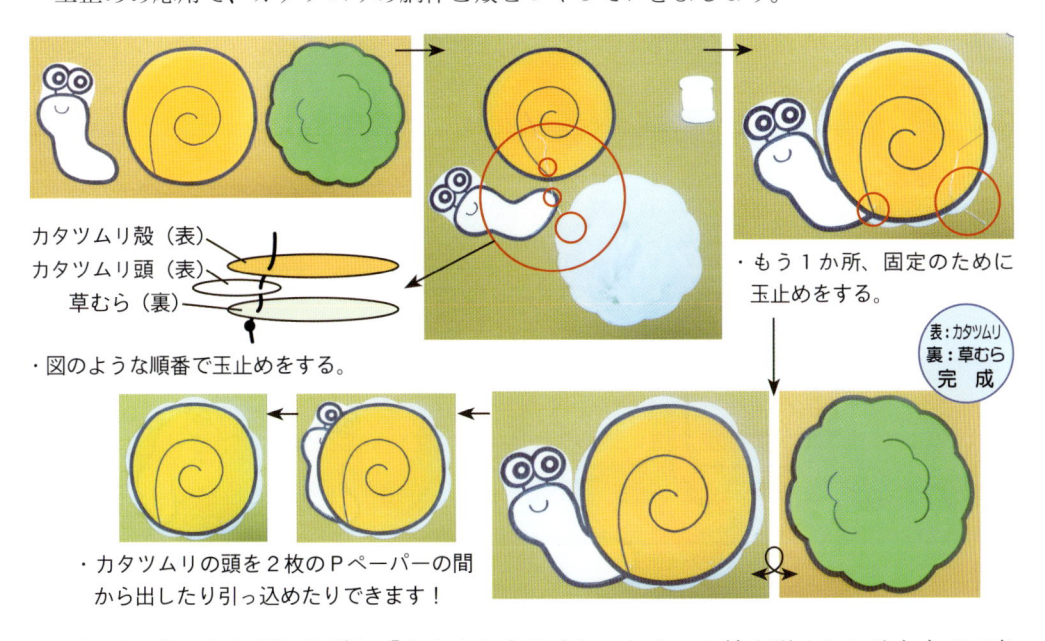

カタツムリ殻（表）
カタツムリ頭（表）
草むら（裏）

・図のような順番で玉止めをする。

・もう1か所、固定のために玉止めをする。

表：カタツムリ
裏：草むら
完成

・カタツムリの頭を2枚のPペーパーの間から出したり引っ込めたりできます！

　これで、§3から例にあげた「ぐんぐん大きくなった！」の絵人形のしかけもすべて完成しました。このパネルシアター作品のお話（シナリオ）や下絵は巻末に取り上げてありますので、ぜひ演じてみましょう。

玉止めの技法を使って右のようなしかけもつくることができます。後述の「重ね貼り」の技法と組み合わせ、「いない いない ばあ」のしかけの完成です。玉止めしてあるので、葉っぱもずり落ちませんね。

> 🎵 玉止めの技法を使うことによって、絵人形のいろいろな部位を動かすことができますが、玉止めをする箇所は、最低限必要な箇所のみにしましょう。玉止めが多すぎると、絵人形が動かしにくくなってしまうので、気をつけましょう。

「いない いない」

「ばあ！」

次に、そのほかの糸止めの技法の「輪止め」を使った例も紹介しましょう。

＜輪止め（扉開き・ジャバラ折り）＞

「輪止め」のしかけを使うと、扉の開閉や同じ大きさの絵人形をジャバラに折りたたんで、パッと広げたりすることができます。先に説明した玉止めと合わせて利用するとよいでしょう。

① 太口もめん糸を2本取りにして、2枚の絵に糸を通す。このとき、糸を最後まで引かずに、糸の端を残しておく。
② 糸の端同士をしっかりと結び合わせたら、余分な糸を切る。
③ 同様に上部をもう1か所輪止めにすると、扉開きやジャバラ折りのしかけができあがり。

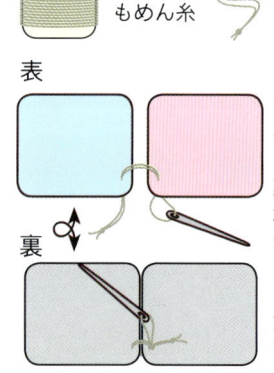

太口もめん糸　2本取り

表／裏

2枚の絵に2本取りにした糸を通す。

裏返して糸の端同士を結び合わせ、余分な糸を切る。

大きさ等に合わせて、上部をもう1か所輪止めにする。

ジャバラにして、折りたためます！

■ 重ね貼り（使うもの……パネル布、接着剤）

「玉止め」のところでも紹介しましたが、絵人形を重ねて貼ったりはずしたりすることで、着る⇔脱ぐ、隠す⇔見せるなどの表現ができます。「いない いない ばあ」遊びなども簡単です。

- 大きな絵人形の上に小さな絵人形を重ねて貼りたいときは、重ねる小さいほうの絵人形の裏に、パネル布を接着剤で貼っておきます（絵人形全体より、少し小さめでよい）。

絵人形（裏）
パネル布

口を変えるだけで、ホラッ、にっこり！

上下の向きを変えるだけで、笑っている顔を眠っている顔に変身！

♪ 重ね貼りのちょっとした工夫で簡単に絵人形の表情を変えることができます！

- 小さな絵人形の上に大きな絵人形を貼りたいときは、舞台のパネル布に付着するので、裏にパネル布を貼らなくても大丈夫です。

上に貼るほうが大きい場合は、パネル布を絵人形の裏に貼らなくてもしっかりと舞台のパネル布（板）にくっつきます。

矢印の部分を下にずらす（引っ張る）と……

ケーキのロウソクの火が消えました！

■ ずらし貼り（使うもの……なし）

同じ大きさの何枚かの絵人形を重ねて持ち、パネル板の上で手をすべらせ、1枚ずつずらしながら貼っていく技法です。1枚の絵人形が分身の術のように増えていく様子は、まるで手品のようです。指先に力を入れるようにすると、きれいにずらしていくことができます。

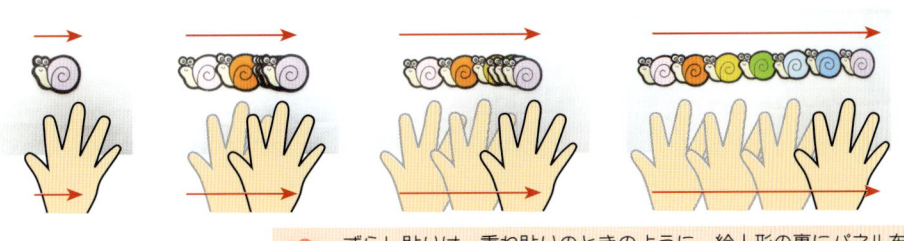

♪ ずらし貼りは、重ね貼りのときのように、絵人形の裏にパネル布を貼ると、すべらなくなってしまうので、注意しましょう。

■ ポケット（使うもの……接着剤、カッターナイフなど）

　ポケットの中に隠しておいたものを出したり、物をもつ、入れる、差し込む、固定するなどの表現をしたりするときに便利な方法です。

　① 1枚の絵にカッターナイフで切り込みを入れ、後ろにもう1枚Pペーパーを貼れば、ポケットができます。

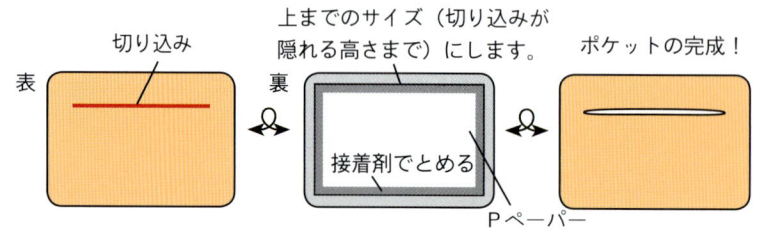

表　　切り込み　　裏　　上までのサイズ（切り込みが隠れる高さまで）にします。　　ポケットの完成！
接着剤でとめる　　Pペーパー

　② Pペーパーを接着剤で袋状にとめてつくる方法もあります。

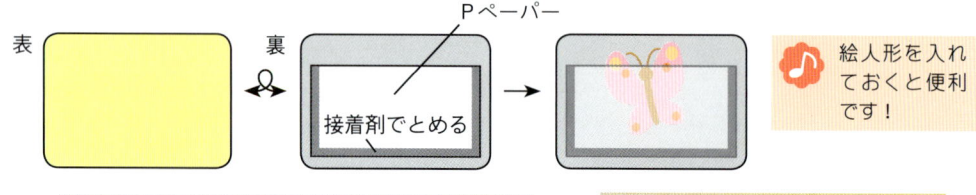

表　　裏　　Pペーパー
接着剤でとめる

♪ 絵人形を入れておくと便利です！

切り込みポケット
切り込みを入れて、ポケットをつくるつくり方①

裏ポケット
裏にポケットをつくるつくり方②

ポケットのしかけから絵人形が飛び出して、こんなに楽しいパネルシアターをつくることができました！

いろいろなしかけを考えながら、絵人形をつくるのも楽しい作業の一つ。

🌼🌸 column

学生のうちに保育に生かせる作品をいっぱいつくりためましょう

　季節に合わせた作品やいろいろな種類の作品（クイズ、手遊び、歌、物語）を、とにかくたくさんつくっておくと便利です。実際、保育現場に出ると、指導案作成や環境構成、教材準備に、あと片づけなど、忙しくてなかなか作品づくりに時間を取りにくくなります。夏休みにまとめてつくったり、必要に応じていつでも活用できるよう、学生のうちにたくさんつくっておくといいですね。

2．しかけの効果的な使い方──2つの絵人形だけを使って

　パネルシアターは、完成された絵や映像と違って、一つの絵人形の配置や向きを工夫することで、さまざまな表現を楽しめる技法です。このために、子どもは一つの絵をいろいろな角度で見たり、自らの想像力を働かせて独自のイメージを生み出したりして楽しみます。先に説明しました、あっと驚くしかけは場面を盛り上げ、子どもたちも大喜びです。しかけを効果的に使うことで、作品のおもしろさや不思議さが増し、パネルシアターならではの幅広い表現が生まれてきます。ここでは、しかけをうまく使うことによって、2体の絵人形で18場面も演じることのできる作品を紹介したいと思います。

事例

ケンちゃんとハナちゃんのなかなおり

① 絵人形を上に向ければ、「ごろりん。あ〜いい気持ち」。

② 「おっとっとっと 寝過ごした！そろそろ起きてお散歩だ」。

③ 移動させてテクテクテク。

④ 少し傾けて「あ〜今日はいい天気」。

⑤ 上斜めに移動させて「のぼりざかだぞ、よいしょよいしょ」と思ったら……。

⑥ 下斜めに移動させて「きゃ〜すべる〜」。

⑦ 糸止めした足を折って座らせる「え〜んえ〜ん」。

⑧ そこへやってきたのは……ハナちゃん「あらあらケンちゃんどうしたの？」。

⑨ ケンちゃんを反対向きにして「ふん、ほっといてくれよ」。

⑩ 「あら、せっかく心配してあげたのに。もうし〜らない、ぷん」ハナちゃんも反対向きになる。

⑪ ケンちゃんを少しハナちゃんに近づけて「わるいこと言っちゃったかな？」。

⑫ ハナちゃんも少しケンちゃんに近づけて「私も言いすぎたかしら？」。

⑬ ケンちゃんをもう少しハナちゃんに近づけて「気になるな」。

⑭ ハナちゃんももう少しケンちゃんに近づけて「気になるわ」。

⑮ ケンちゃんとハナちゃんの背中をくっつけて「ごつんっ」「わ〜いたたたた」。

⑯ ケンちゃんとハナちゃんを向き合わせて「ごめんね」「ごめんね」「えへへへへ」「なかなおりできてよかった」「ねぇ、一緒に遊びましょう」「うん」。

⑰ ケンちゃんとハナちゃんを同じ向きに並べて「さぁ、山のてっぺんまできょうそうしよう。ようい、どん！」「ケンちゃんとハナちゃんは仲良く走って行きました」。

⑱ 太陽を裏返して月にする。「いつの間にか空にはまあるいお月さま。ケンちゃんハナちゃん、また明日もいっぱい遊ぼうね。おしまい」。

column

保育の流れや手順、配慮点が学べる！

　パネルシアターの製作では、子どもの喜ぶ顔を思い浮かべながら心をこめて教材をつくる楽しさと、本当に子どもが喜んでくれたときの感動を知ることができます。また、実際に演じてみて、自分が想像したものとは違う反応が返ってきたときや、「もっとこうしたらよくなるのではないか」と気づいたときには、作品に修正を加えたり演じ方を工夫したりするなど、子どもの気持ちや姿に合わせて工夫することの大切さが学べます。実際の保育現場での環境設定や援助の仕方にも大いに役立ちます。

このように配置や向き、動きを工夫するだけで1体の絵人形が⑦までの7場面を、そして2体の絵人形で全18場面も演じてくれました。もちろん、まったく違った場面設定やストーリー展開も自在です。少ない絵人形で幅広い表現を楽しめる点はパネルシアターの大きな魅力の一つでしょう。

　また、④の「あ〜今日はいい天気」という場面は、太陽を貼ることで背景全体が青空に見えてきます。白いパネル板で表現される空は、太陽を1つ貼れば青空に、太陽を外して、「カァカァ」といいながらカラスを飛ばせれば夕焼け空に、星を貼れば夜空に見えてくるのです。そのとき子どもたちが想像する夕焼け空の色は限定されず、子どもそれぞれの色でよいという幅広さがあります。白いパネル板だからこそ、1つの絵人形の配置や動き、その絵人形に添える言葉によって、無限の空間を表現することができます。

　実際にこの作品では、絵人形の向きやちょっとした動きの変化によって主人公の気持ちやストーリー展開を表現しています。1つの絵人形でもこのようにしかけを効果的に活用し言葉を添えることで、より幅広い表現をすることができます。

　映像があふれる時代だからこそ、保育者の生の声で演じられるおもしろさ、臨場感、温かさが伝わる文化を大切にしていきたいものです。想像力を膨らませて、心から楽しむ経験を積み重ねることで、子どもたちの豊かな感性が育まれていきます。

hint & idea
「ケンちゃんハナちゃん」のつくり方のポイント

　しかけや演じ方の工夫で、2体の絵人形だけでたくさんの場面を演じることができる例を紹介しましたが、ここで使った絵人形のつくり方のポイントを紹介しておきます。この作品例や本書で説明したしかけの技法を参考にして、自分だけのオリジナルの絵人形や作品がつくれるといいですね。

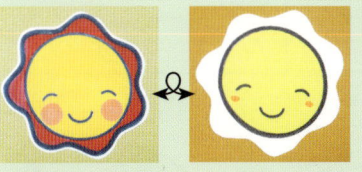

↑太陽をひっくり返すと月。裏返しの技法。

↑ハナちゃん：腕を玉止め。裏側も表情を変え、同様につくり、裏返しできるように。

←ケンちゃん：腕と足を玉止め。このとき、足の玉止めの位置に注意。真ん中で玉止めしてしまうと、座ったときのポーズがうまくいきませんので○の位置で！　裏側もハナちゃん同様につくり、裏返しできるように。

第3章 パネルシアターをつくる

hint & idea

実習のときに大活躍！ もっている絵人形ですぐできる ミニパネル！ ①

身近な小道具と少しの絵人形を使って簡単に楽しくできるパネルシアターをいくつか紹介します。
ポケット式の「何でもボックス」（プレゼントボックス）の絵人形を１つつくっておくと、とても便利です。このなかにいろいろ入れて、クイズにしたり、自分の名前を隠しておいて自己紹介に応用できます！

〈「何でもボックス」クイズ〉

いろいろな作品でつくった絵人形を使ってクイズにします。「何でもボックス」のなかに絵人形を入れておき、絵人形に合わせて、いろいろなクイズを考えましょう。

「何が入っているかな？」
「ピョーン！カエルさん」

〈自己紹介〉

「何でもボックス」を使って自己紹介をしましょう。一例を紹介します。

「みなさんこんにちは。このなかには、私の一番好きな食べ物が入っているの。甘くて、冷たくて、とろ～んとしておいしいのよ。何かな？」
「ひらけよひらけよトントコトン♪…パカッ」
（子ども「アイス！」などの答え。アイスクリームの絵人形を出す）
「みんな大当たり！ アイスでしたね。あれあれ、まだ何か入っているみたい！ そうだ、このなかには私の名前も入っているの。一緒によんでみてね」
（文字を一枚一枚貼りながら）
「ま」「つ」「か」「ま」「き」「こ」
「たくさんあってむずかしいから３つをとって（名字をはずして）、『ま』『き』『こ』！ 『ま』んまるお顔で、『き』のぼり上手、『こ』どもが大好きな『ま』『き』『こ』先生って覚えてね。では、みんなで一緒に『まきこ先生』ってよんでみてね。せーの」
（子ども「まきこ先生～」）
「わあ、うれしい！ ありがとう。みんなと早く仲良くなって一緒にいっぱいいっぱい遊びたいな。どうぞ、よろしくお願いします！」

※中身は好きな動物でも、ものでもＯＫ！ 名前をはずして名字をよんでもらってもよいでしょう。

〈「何でもボックス」がない場合〉

「何でもボックス」がない場合は、エプロンのポケットに絵人形を入れておいてもよいでしょう。
「ポケットをたたくと文字（名前）が１つ、もう１つたたくと文字が２つ～♪」そんな替え歌をうたいながら、１枚１枚名前の文字を出していきましょう。好きなものもポケットから取り出して、パネル板に貼りましょう。
また、写真のように、首にかけられるタイプの小さなパネル板をつくり、パネル板の裏につくったポケットから絵人形を取り出して貼る方法もあります。

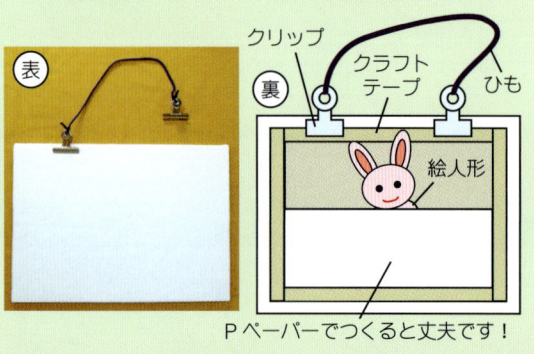

［実習に役立つ首かけ式 ミニパネル板のつくり方］

表／裏／クリップ／クラフトテープ／ひも／絵人形

Ｐペーパーでつくると丈夫です！

§5 パネルシアター製作の発展例

　ここまで、基本的な絵人形のつくり方としかけについて解説してきましたが、絵人形はPペーパーがなければつくることができないなんてことはありません。日常にあるものを使って絵人形をつくり、パネルシアターやそのほかの活動としても保育に取り入れることができます。

　また、保育者（実習生）がパネルシアター作品をつくり、子どもたちに見せるだけがパネルシアターを保育に取り入れる方法ではありません。第2章の事例（p.29～）にもあったように簡単につくることのできる絵人形は、子どももすぐにつくることができ、パネルシアター作品として保育に取り入れることができるのです。

　ここでは、さまざまな素材を使ってつくる絵人形、子どもと一緒につくるパネルシアター、ブラックパネルシアターについて紹介していきたいと思います。

1. 素材を生かしてつくろう

（1）葉っぱの絵人形づくり

　自然の葉の表面には細かい毛があり、意外にもパネル板によく貼りつきます。p.22の事例にもあったように、園庭の葉をとって、直接パネル板に貼るだけで、色や形に関心をもったり、並べ替えて形づくりを楽しんだりすることができます。また、秋に美しく色づいた葉は、ほどよく乾燥していて遊びに活用しやすい素材です（水分が多くやわらかい春の葉はしおれやすく製作活動に取り入れにくい）。クラスのみんなで、1人1枚、自分のお気に入りの色、形の葉を選び、Pペーパーに接着剤（木工用）で貼って、サインペンで顔を描けば、簡単に葉っぱの絵人形ができあがります。ハサミで切りとって毛糸をつけてぶらさげれば「みのむしくん」のできあがり。毛糸ではなく、木の枝やモールで手足をつければ、「葉っぱ人形」のできあがり。パネルシアターやペープサートにして遊んでもよいですし、壁面に利用してもすてきでしょう。

（2）フェルトの絵人形づくり

　日常的にも保育現場でも、比較的、手に入れやすいフェルトはパネル板によく貼りつきます。身近な素材で、保育現場でも手に入れやすいうえ、カラーフェルトを使えば着色の必要もありません。保育者がいろいろな形のフェルトを切っておき、壁面の低い場所に固定して子どもたちに形遊びを楽しんでもらいましょう。子どもたちは「形ならべ」や「色分け遊び」、「形の組み合わせによる構成遊び」など、豊かな発想で、夢中になって遊んでくれます。子ども用のハサミでも十分切れるので、年長児になれば、子どもたちでも簡単につくることができます。写真のように、保育者がクリスマスツリーだけをつくっておいて、飾りを子どもたちがつくるのも楽しいでしょう。小さな子どもは、参観日などに親子で取り組むのもよいでしょう。

フェルトでの作品例のいろいろ

2．子どもとの作品のつくり方

　Ｐペーパーに好きな絵を描いてパネル板に貼るだけで、子どもたちの瞳はキラキラと輝きます。自分の描いた絵がパネル板にくっつくだけでも不思議でわくわくするのに、その絵を好きなように動かせるなんて！　楽しいにきまっています。パネル板を低い位置に固定し、描いた絵人形を好きに貼れるようにするのもおすすめです。子どもは「ここは野原」「やっぱり海」なんて……空想を広げながら一人で絵人形を動かしてお話づくりを楽しんだり、友だちと一緒にお人形ごっこを楽しんだりすることができます。また、何か題材をきめて絵を描き、友だちと一緒に作品を発表するのもよい経験となるでしょう（p.29の事例を参照）。

　子どもたちと作品をつくる場合も、基本的な流れは同じですが、子どもがつくりやすく、演じやすい作品にするためのポイントを紹介します。

① **題材をきめる**……ふだん子どもたちが親しんでいる歌やお話を題材にしてつくるのがつくりやすいでしょう。登場人物や背景、乗り物など、必要な絵は何かを考えて書き出しておきます。描くものや量に無理がないことも大切です。創作のお話や歌を作

品化する場合は、歌詞やお話の筋に合わせて、場面ごとに絵を描き、おおまかなシナリオと絵人形の配置を決めておきましょう。

② **必要な絵を考え、下絵を作成**……Pペーパーは消しゴムが使えず、直接描くと適切な大きさに描きにくいため、まずは紙につくりたい絵を描き、描いた絵をコピー機で縮小拡大して調整し下絵をつくりましょう。

③ **下絵をPペーパーに写し取る**……下絵の上にPペーパーを重ね、ホッチキスで固定してから鉛筆で写し取るとずれず、子どもも取り組みやすくなります。

> **hint & idea**
>
> **子どもとパネルシアターをつくる際のしかけづくりの留意点**
>
> あまりしかけにこり過ぎると子どもが演じにくくなるので、しかけは必要最小限にしましょう。とくに糸止めで動かす部分が多すぎると演じにくくなります。
> また、しかけの部分は下絵も描き分けるなど、子どもが写し取りやすいように工夫してつくっておくとよいでしょう。
> 「窓開き」「連続変身」(「輪止め」でつくる)は子どもも比較的演じやすいしかけです。作品の見せ場に利用するとよいでしょう。

④ **色を塗る**……絵の具やフェルトペン、ペン型ポスターカラーなどが描きやすいです。絵は切り取るので、少しはみ出しても大丈夫です。

⑤ **アウトラインを描く**……通常の作品づくりと同様に、鉛筆で写し取った線を黒の油性ペンで描きます。

⑥ **ハサミで切り取る**……子どもは線のとおりに切り取ることがむずかしいので、絵の余白を残して、アウトラインより外側を切るようにしましょう。鉛筆で切り取り線を描いてあげると、子どもが自分で切りやすいですね。重ね貼りや窓開きのしかけ、糸止めのしかけなど、むずかしい部分は保育者が手伝ってあげましょう。

⑦ **演じて練習をし、発表する**……できあがったらパネル板の上で絵を動かし、歌やセリフをつけて演じてみましょう。創作作品の場合は、歌詞やセリフを短く覚えやすい言葉にするとよいでしょう。パネル板の上で絵人形を動かすのは子どもにとって案外むずかしいため、あまり細かな動きを入れないほうがよいでしょう。そして、観客に見えやすいように、「貼る位置」をしっかりときめておきましょう。また、歌やお話に合わせて楽器を鳴らす役をつくっても楽

子どものつくったパネルシアター作品

しいです。「絵人形を貼る人」、「歌をうたう人」、「楽器を鳴らす人」、「司会をする人」など、必要に応じて役割分担をきめて練習すれば、「相談」「分担」「協力」など、練習を重ねるなかで子どもたちは仲間意識を高めていきます。練習で自信がついたら発表してみましょう。発表の当日は「ふだんどおりでいいのよ」とリラックスするような言葉をかけてあげるといいですね。発表し、みんなでがんばってお客さんに喜んでもらえた喜びは、子ども一人ひとりにとってかけがえのない経験になるとともに、集団としての育ちへもつながっていくことでしょう。

> **hint & idea**
> **子どもがつくる "MY絵人形づくり"**
> MY絵人形づくりには、壁面型に設定したパネル板があると便利です。パネル布を壁面にピーンと張って、画びょうやクラフトテープで固定し、子どもが自分でつくった絵人形をいつでも貼れて遊べるようにするとよいでしょう。

3．ブラックパネルシアターに挑戦してみよう

　ブラックパネルシアターは、蛍光絵の具で色づけした絵人形にブラックライトを照らし、絵を光らせる技法です。

　通常、パネル板は白いパネル布を使用しますが、ブラックパネルシアターでは、黒いパネル布を貼ったパネル板で舞台をつくります。

　夜空や空想の世界を表現するのに適しており、その幻想的な美しさと表現の不思議さに魅了され、「私も演じてみたい」「どうやってつくるのかしら」と興味をもたれる人も多いことでしょう。意外にもつくり方の手順は普通のパネルシアターと同じです。保育室でも、暗幕とブラックライトさえ準備すれば演じることができるので、七夕やクリスマスの季節にはおすすめです。誕生会やお泊り保育のときのお楽しみにもぴったりです。心に残るプレゼントとなるでしょう。

　実際、「学生のうちにブラックパネルシアターの作品をつくっておきたい」という人も多く、筆者も学生のときにつくった季節の作品を15年以上、毎年活用しています。不織布でつくるパネルシアターはとても丈夫で、一度つくっておけば20年でも30年でもずっと自分の財産として使えるのも大きな魅力です。また、部屋を暗くして演じるので、「普通のパネルシアターよりも緊張しない」という声もあります。みなさんもぜひチャレンジしてみましょう。

　以下、ブラックパネルシアターのつくり方と演じ方について紹介します。

（1）ブラックパネルシアターのつくり方

「①下絵を写す→②色を塗る→③アウトラインを描く→④切り取る」といったように、手順は普通の絵人形のつくり方と同じですが、色を塗る際に蛍光絵の具を使います。蛍光絵の具は色の種類が少ないので、蛍光絵の具同士を混ぜてさまざまな色をつくります。

例）赤＋緑→茶色　　赤＋緑＋白→肌色

蛍光絵の具に普通の絵の具を混ぜてしまうと光らなくなってしまうので注意しましょう。また、ブラックライトを「当てたとき」と「当てていないとき」とで色の見え方が変わります。たとえば、白にブラックライトを当てると水色に見えてしまうので、雪やウサギ、目の白い部分などを真っ白に見せたいときは、蛍光白に蛍光黄色を少し混ぜたクリーム色で塗ります。

蛍光絵の具は画材屋さんや大型文具店で購入できます。

色を塗ったあとはアウトラインを描きます。ブラックパネルシアターの絵人形は、余白の部分も光らないように黒く塗りつぶしましょう。

（2）ブラックパネルシアターの演じ方

パネルシアター用のイーゼルに黒いパネル布を貼ったパネル板を設置し、ブラックライトを取りつけます。次に暗幕（遮光カーテン）を閉めて部屋を暗くします（ふだんの部屋でも暗幕を取りつければ演じることができます）。急に真っ暗にすると子どもたちが驚くので、パネル板に星の絵人形を少し貼っておいて「夜になあれ♪」と呪文を唱えてから暗くするなど、工夫をするとよいでしょう。

ブラックライト

ブラックパネルシアターの舞台設置の様子

作品例
「おもちゃのチャチャチャ」「七夕」「宇宙へとびだせ一週間」「おばけなんてないさ」「あれは何者だ」「しょうじょう寺のたぬきばやし」「あわてんぼうのサンタクロース」

hint & idea
簡単便利な「蛍光シール」の活用

最近、「蛍光シール」というものをホームセンターや文具売り場でよく見かけます。「蛍光シール」を星型に切り抜いたり、細かく切って形を組み合わせて花火やロケットなどの好きな絵をつくったりすることができます。

この場合、黒いPペーパーを台紙にしてシールを貼るとそのまま絵人形になります。子どもも取り組みやすく、みんなでつくった星をパネル板にたくさん貼って、「きらきら星」をうたったり、お話を考えたりしてみましょう。簡単ですてきなオリジナル作品ができます。

hint & idea

実習のときに大活躍！ もっている絵人形ですぐできる ミニパネル！ ②

　つくった絵人形の一部を使って、ちょっとしたアイディアで簡単に楽しく、日ごろの保育のなかでいろいろ活用したり遊んだりしてみましょう。ここでは、本書巻末で紹介している「落としたどんぐり」の絵人形を使った例を紹介します。

〈ことりの郵便屋さん〉

　　　　ことり……「落としたどんぐり」（下絵 p.107）の「トリ」使用。

「ゆうびんで〜す。ゆうびんで〜す。
○組さんにゆうびんですよ」
（手紙をくわえて飛んでくる）
「あら、ことりの郵便屋さん、配達ごくろうさま。何て書いてあるのかな？」（手紙を広げる）
「"○組さん、明日は5月のお誕生会です。お祝いにおいしいおやつをみんなで食べます。明日はコップとおてふきを忘れずに持ってきてください" だって！　わぁ楽しみ。それでは明日はみんな忘れものをしないように自分でお支度しましょうね」

　みんなに紹介したいことや、お知らせを印象深く伝えたいときにとっても便利です。「いいことニュース」や「子どもの描いた絵の紹介」などにも使えます。

〈どっちが大きい？〉

　　　　りす……「落としたどんぐり」（下絵 p.107）の「リス」使用。
　　　　うさぎ……「落としたどんぐり」（下絵 p.107）の「ウサギ」使用。
　　　　くま……「落としたどんぐり」（下絵 p.108）の「クマ」使用。

「これはだあれ？（子どもの声を聞いてから）そう、りすさん」
「では、こっちはだあれ？（子どもの声を聞いてから）そう、うさぎさん」
　今日は2匹でせいくらべ。
　♪どっちかな？どっちかな？　大きな大きなお友だち
　　どっちかな？どっちかな？　みんなで教えて1・2・3・ハイッ
　　（子どもに元気に答えてもらいましょう）
「どれどれ、背中と背中でせいくらべ。どっちが大きいかな？」
「そうね、うさぎさんが大きいね。あれ？　くまさんも来ましたよ」
今度はうさぎさんとくまさんでせいくらべ。
　♪どっちかな？どっちかな？　大きな大きなお友だち
　　どっちかな？どっちかな？　みんなで教えて1・2・3・ハイッ（子どもに元気に答えてもらいましょう）
「どれどれ、背中と背中でせいくらべ。どっちが大きいかな？」
「そうね、くまさんが大きいね。くまさんの背中、大きくって、すてき〜！　すてき〜!!」

　クイズ遊びだけでも十分楽しいですし、次のようにお話に発展させてもおもしろいでしょう。

「やぁ、そんなにほめられるとてれちゃうな。あのさ、ぼくの背中にちょっと乗ってみてもいいよ」
「わ〜い、うれしいわ」「わ〜い、うれしいな」
くまさんはうれしくなって、2匹をおんぶしてあげることにしました。
くまさんの背中にうさぎさん、うさぎさんの背中にりすさん。
「わぁ〜たかい！たかい！きもちいい！やっぱりくまさんは力持ち！かっこいいな」
「エヘヘ。こんなの朝飯前のホイホイホイ♪」そのときです。「あれ？　お〜とと。お〜とっと」ゆらゆらどっし〜ん！ちょうどそこは草の上。ふわふわしていていいにおい。「あ〜よかった」「あ〜おもしろかった」「わはははは〜」今日も森はにぎやかな笑い声でいっぱいです。でも、調子に乗りすぎちゃいけませんよ。ね、くまさん。おしまい。

第4章

パネルシアターを演じる

第3章では、パネルシアターの作品のつくり方を解説しました。この章では、実際にパネルシアターを演じる際の基本について「セッティング（パネル舞台と作品準備）」「絵人形の取り扱い」「語り方（心構え）」の3点に分けて解説し、最後に実践例を通して演じる際のポイントなどを具体的に述べていきたいと思います。

§1 パネル舞台と作品準備 —— 舞台をセッティングしてみよう！

子どもたちが安心して落ち着いて見ることができ、楽しいコミュニケーションをとりやすくするためには、事前の準備をしっかりとしておきましょう。

以下のようにして子どもたちがパネル板と演じ手に集中できるような環境を整えるとよいでしょう。パネル舞台と絵人形のセッティングに分けて解説していきますので、演じる作品、子どもの人数など、演じる際の環境にあった準備を心がけましょう。

1．パネル舞台のセッティング

パネルシアターの舞台はいろいろなつくり方ができます。自分が演じる場所や目的、条件に合わせて選びましょう。

（1）幼児用のテーブルを使って舞台をつくる

幼児用のテーブルを使って簡単にパネルシアターの舞台をつくることができます。保育室で10～30人くらいの子どもたちに見せるときに便利な舞台です。保育室内にある幼児用のテーブルを使うので実習生が持参して用意するものが少なく、下幕がなくても後ろにおいてある絵人形などが見えず設定しやすい舞台といえるでしょう。また、絵人形や台本などを置く台をわざわざ用意しなくてよいので準備に手間取りません。

しかし、舞台が低いので、演じ手（大人）はやや演じにくく、多人数になると後ろのほうから見えにくくなることもありますので、何作品も演じたりして時間のかかる場合や、見る側の人数を考えて選択しましょう。

■ 幼児用のテーブルを使った舞台のつくり方および設置の仕方
＜準備するもの＞
・幼児用のテーブル2台、パネル布（100㎝×120cm）、目玉クリップ（4つ）または布の粘着テープ

第4章 パネルシアターを演じる　63

① 幼児用のテーブルの上に、もう1台を横にねかせておく。

裏側

② パネル布を目玉クリップでシワのないようにピンと張る。

③ 下もシワができないようパネル布をピンと引っ張りしっかりとめて、パネ舞台の基本ができあがり！

♪ 通常、パネルシアターはこの白い四角いパネル舞台を1つの場面として演じていきます。土台の机の脚の部分は、別の布などで隠しておくとよいでしょう。

hint & idea

磁石とパネル布だけでつくる舞台

パネル舞台を設置できない場合でも、簡単にパネル舞台をつくることができます。黒板やホワイトボードがあれば、これにパネル布を磁石で貼るだけで、パネル舞台の完成！
とても手軽で準備するものも少なくてこれは便利です。ただし演じるときに次の2点に気をつけましょう。

① 絵人形をおく台を用意しましょう。子どもから絵人形が見えないように工夫することが大切です。

② 舞台が傾斜していないので、絵人形を貼るときに軽く手のひらでなでるようにして付着させると落下することなく安心して演じることができます。

←写真のように、パネル布を磁石でとめます。

（2）ダンボールを使った自作のパネル板で舞台をつくる

　ダンボールを使って、自分でパネル板をつくることもできます。自分の好きな大きさ、扱いやすい大きさにつくることができるので、保育室だけでなく、いろいろな場所や人数にも対応しやすく便利です。持ち運びが手軽であるため、どこでもすぐにセッティングできて、練習したいときにいつでもすぐに使うことができます。

　ただし用途によっては、パネル板を固定する場所や設置の仕方を工夫する必要がありますので、目的に合わせて前述したテーブルを利用した舞台と使い分けるとよいでしょう。

■ ダンボールパネルのつくり方

＜準備するもの＞
- ダンボール、パネル布（100 cm×120 cm）、布の粘着テープ、両面テープ（またはスプレーのり）、カッター、ハサミ

ダンボールパネルの完成図（裏）

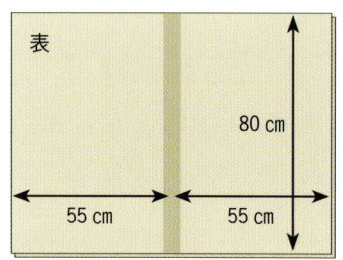

① 2枚同じ大きさのダンボールを用意する。厚手がおすすめ。ダンボールを2枚合わせてクラフトテープでぴったりと貼る（表）。裏写りしないようにダンボールの絵や字がない無地のほうを表に使用する。布の粘着テープもダンボールと同じ色がよい。

♪ ここで紹介している基本サイズのできあがりは、110 cm×80 cm。持ち運びに便利な小型サイズは40 cm×55 cmのダンボール2枚で、できあがり80 cm×55 cmくらいにつくるとよいでしょう。

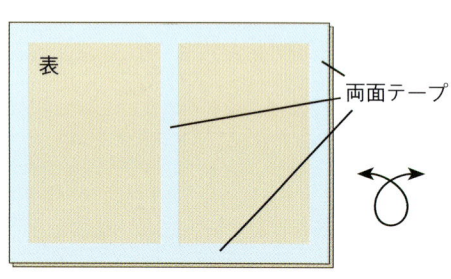

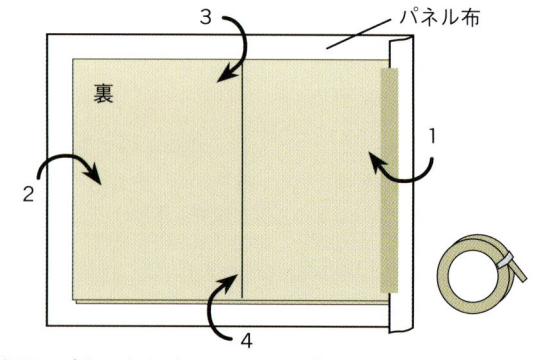

② ダンボールの周囲4辺と中央に貼ったつなぎ目の布の粘着テープの上に両面テープを貼る。スプレーのりを使う場合は、全面にのりをスプレーする。ダンボールの上にパネル布を平らに広げる。中央の両面テープのところにパネル布の中央を合わせ、シワのないように貼り合わせる（左右片面ずつていねいに貼っていく）。

③ 全面にパネル布を貼りおわったら裏返して、裏面のパネル布を布の粘着テープで止めていく。

④ 裏面のダンボールのつなぎ目（折りたたみ部分）のパネル布と布の粘着テープをカッターで切り込みを入れる（折りたたむときに突っ張らないようにするため）。

※表面のパネル布まで切らないように注意する！

♪ 折りたたむ中央の背の部分は、布の粘着テープで補強しておくとよいでしょう。

■ ダンボールパネル板の設置の仕方

① 幼児用のテーブルにのせる。先に説明したように、幼児用のテーブルを2台配置し、そこにパネル板をのせる。裏面の各隅は布の粘着テープを貼りパネル板を固定する。

② イーゼルの上にのせる。パネル板がイーゼルの上で安定するように固定する。

③ 幼児用のテーブルの上にダンボールで支柱をつくりのせる。ダンボールを三角にし、パネル板の支えにする。イーゼルがなくても、設置することができる。

♪ いずれの場合も、絵人形などをおく場所（台になる机のない場合は箱など）を用意し、舞台の裏の絵人形などが見えないように、下幕を張るとよいでしょう。

（3）市販のパネル舞台を使う

　市販のパネルシアター用のイーゼルを使ったパネル舞台もあります。パネル板をおく高さを調節するだけで見やすさを変えることができ、少人数から多人数に対応できます。パネルシアター専用ですので、手軽にいつでもどこでもセッティングでき、舞台も安定していて使いやすいです。ブラックパネルシアター用のアームがあれば、ブラックライトが設置でき、ブラックパネルシアターも演じることができます。

　ただし、コストがかかることと、しっかりとできているため持ち運びには不便です（とくにイーゼル部分が大きく重い場合が多い）。保管スペースも必要になるでしょう。

■ 市販のパネル舞台の設置

＜準備するもの＞
- パネル板、パネル用イーゼル、下幕、目玉クリップ、作品をのせる台、布の粘着テープ

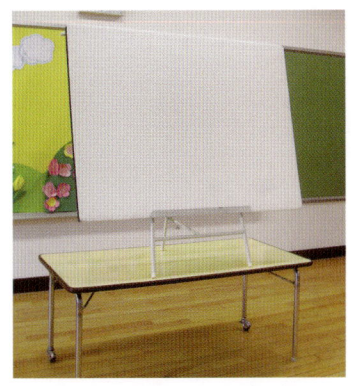

イーゼルの足が長いタイプと短いタイプがある。短い場合は幼児用のテーブルなどの上に設置（写真は短いタイプ）。

イーゼルの足を広げて固定する。下幕をパネル板の下にたらし、目玉クリップでとめ、後ろに置いてある絵人形等が見えないようにする。イーゼルの後ろに作品や台本を置く。

2．絵人形のセッティング

　パネルシアターは、子どもたちと言葉を交わしながら絵人形を出し、お話や歌遊びをします。それをスムーズにできるようになるにはコツがあります。

　パネル板の後ろに絵をきちんとセッティングしておくのが上手に演じるための大切なポイントです。では、そのポイントを紹介しましょう。

セッティングのポイント	利　点
① 作品入れ袋の上に出す順番に絵人形を重ねておく。	・次に出す絵人形が1番上になるので、取り出す順番を迷うことなくスムーズな言葉で語りながら演じることができる。
② 台本や歌詞を大きく紙に書いて絵人形の横におく。	・台本や歌詞を書くことで覚える。 ・台本が「いつでも見える」という安心感をもつことができ、落ち着いて演じられる。 ・絵を出したり外したりするときに自然な視線で台本や歌詞を見ることができて流れを止めずに演じることができる。
③ 演じおわり外した絵人形は、これから出す絵人形の山とは別のところに重ねておく。	・出す絵人形と外した絵人形が混ざらないので、スムーズに絵人形を出すことができる。 ・限られた台のスペースでもこのようにするとたくさんの絵人形が置ける。

　間違えることのないよう絵人形をお話や歌の進行に合わせてセッティングすることにより、短時間に簡単なリハーサルを兼ねたイメージトレーニングにもなります。また、このようなセッティングをして演じたあとは、作品が混ざっていないので、作品の山をくずさないようにすれば作品の片づけも簡単にできます。片づけるときに、出す順番にセッティングしておくと、絵人形の紛失を防ぐことができ、次回、演じるときのセッティングもスムーズで安心ですね。

　スムーズに演じるためには、このような事前の準備・確認がとても大切です。演じる前には、上記にまとめた内容をしっかりと確認し、あわてることなく余裕をもって演じられるよう心がけましょう。

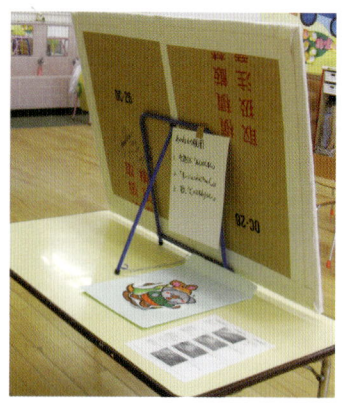

　右利きの人は、左側に絵人形や台本などを用意し、左利きの人は、右側に用意しましょう。立つ場所の近くに配置でき、あわてず絵人形を操作できますね。

§2 演じるときの絵人形の取り扱い
── 絵人形を実際に貼って動かしてみよう！

　四角いパネル板の上に貼られた絵人形の絵や字を見て子どもたちはいろいろなイメージを膨らませてお話を聞いたり、歌遊びをしたりします。そのためにも絵人形の扱い方一つで想像が広がったり、イメージを壊してしまったりします。

　パネルシアターは、"Simple is the best"。必要最小限の絵人形で構成されているので、同じ絵でもその貼り方、動かし方で子どもたちの想像力の広がり方が変わります。いくつかのポイントをおさえて絵人形を動かせば、演じ手自身もそのパネルシアターの世界に入り込んで貼ったり外したりすることができます。そのコツをつかめばむずかしいどころか、パネルシアターを演じるのが楽しくてたまらなくなるでしょう。いつの間にかパネルシアターのとりこになっているかもしれません。さっそく試してみましょう。

絵人形の取り扱いのポイント	利　点
① 右利きの人は舞台に向かって右に立ちます（左利きの人は左に立ちます）。基本的には舞台から50cmくらい離れて立つとよいでしょう。	・利き手で絵人形を動かすので、体が子どもたちのほうを向きます。自然に子どもの顔を見て言葉かけができますね。 ・演じ手の体で絵人形を隠すことなく、子どもたちからパネル板がよく見えます。
② 絵人形の顔の部分ではなく、頭や体をもって貼ったり外したりしましょう。	・とくに絵人形の顔の目の部分をもつと表情が隠れてしまい、見ている子どもたちは不安な気持ちになります。

絵人形の取り扱いのポイント	利　点
③　演じるときは絵人形に向かって話すのではなく、子どもたちの顔を見ながら話しましょう。	・子どもたちは、保育者が「自分」に話しかけてくれていると感じ保育者やパネルシアターとの距離感がなくなり、よりいっそうパネルシアターの世界で楽しく遊びます。
④　パネル板全体を使って絵人形を貼りましょう。遠くに絵人形を貼るときは一歩前に出てすぐに戻るようにすると貼りやすいです。	・パネル板全体を使って、お話や歌の場面を表現することを知っていると、絵人形の貼り方で奥行きが出たり、みんなが仲良くしている様子などいろいろな表現ができます。 ・遠くに絵人形を貼るとき、体がパネル板の前に出ても自然な流れで貼ると、子どもたちは違和感なく受け入れてくれます。子どもの集中力やお話の流れが損なわれず、スムーズにいきます。
⑤　絵人形が落ちやすいときは、こんな方法でやってみてください。 　☆絵人形を大きく手のひらを広げて「パーの手」で上からなでる。 　☆パネル板の傾斜を少し強くする。 　☆絵人形の裏にパネル布を貼る。 　☆舞台のパネル布を新しくする。	・「パーの手」でなでるとＰペーパーとパネル布の繊維が絡みやすくなって貼りつきます。 ・Ｐペーパー同士はすべり落ちやすいので、パネル布とＰペーパーの組み合わせにするとよく貼りつきます。
⑥　絵人形の裏のしかけを見せないように出しましょう。	・自分では気がつかないことが多いので気をつけましょう。
⑦　歌を取り入れたパネルシアターをやるときは、歌詞よりも少し早めに絵を貼りましょう。	・焦ることなくスムーズに曲に合わせることができます。
⑧　絵人形はタイトルを書いた作品袋に入れて平らにねかせて保管しましょう。台本や歌詞、ＣＤなども一緒に入れておくとよいでしょう。	・作品袋を立てかけて保管すると絵人形が曲がりやすくなります。絵人形が曲がると、演じる際の落下の原因になったり、見ていても美しくなくなったりします。

§3 演じるときの語り方
—— 基本的な心構え

　パネルシアターは、子どもたちと対面してパネル板に絵人形を貼ったり外したりしてお話、歌遊び、ゲームなどが展開される表現方法です。子どもと演じ手との言葉のキャッチボールによって、一体感が生まれたり、子どもたちとの距離が縮まり、親近感がわいたりします。このとき、子どもたちの心は素直に何でも受け入れて吸収するスポンジのような状態になっています。そのため、パネルシアターがおわったあと、子どもたちは見たばかりのお話で「ごっこ遊び」をしていたり、聞いたばかりの歌を口ずさみながら遊んでいたりします。それはもうビックリするくらいの吸収力です！

　そんなパネルシアターを演じるには……

　　　演じ手も楽しみながら、子どもたちとコミュニケーションをしましょう！！

　この心構えがパネルシアターを演じるときのキーワードです。
　以下に、演じるときの留意点についてまとめましたので、参考にしましょう。

1．語り方

①「間」があかないようにしましょう

　子どもたちは「間」があくと、集中力がきれてしまいます。とくに絵人形を貼ったり外したりするときは、「間」があかないようにアドリブでよいので、子どもたちに言葉かけをしましょう。

② 子どもの声を受け止めて、応答しましょう

　子どもたちは、パネルシアターの世界に入り込んで自分の感じたことや思ったこと、演じ手の問いかけなどにどんどん反応します。それについて簡単でよいですから、温かく応えてあげましょう。そうすることによって、子どもたちは保育者（実習生）が自分をきちんと受け入れてくれたと感じ、安心するとともに共有感をもちます。まるで、一対一の対応のような感覚に子どもたちがなることもあります。

③ はっきりとした声で語りましょう

　どんなに楽しい絵があっても、言葉がはっきりと聞こえないと子どもたちは十分に楽しめません。子どもたちの顔を見ながら、後ろの子どもまで聞こえるように語りましょう。

④ 自分の言葉で自分らしく演じましょう

　脚本のセリフだけで演じようとすると、表情がかたくなったり、子どもたちとの応答がうまくできなかったりします。自分の言葉で演じていくと子どもとの一体感が生まれ、子どもたちも自分が主人公になった気持ちになり、時間を忘れるほど主体的に参加する場になります。

2．動　　き（姿勢）

① 舞台の横に立ったときが「スタート」です

　子どもたちは、パネル板の前で「何がはじまるのかな〜」とわくわくドキドキして待っています。演じ手が笑顔で子どもたちの前に立ったときには、もうパネルシアターがはじまっているのです。子どもたちのわくわくした期待を裏切らないようにしましょう。残念ながらよく見かけるのが、"パネル板の上に背景などの絵人形を貼ってから、「さあはじめます！」"のパターンです。子どもを意識していないその姿は、子どもたちをガッカリさせたり、じらせたり、ときにはイライラさせたりすることにもなります。

　背景の絵人形であっても、子どもたちに語りかけながらパネル板に出していきましょう。

② 子どもたちの顔を見ながら演じましょう

　パネルシアターは子どもと対話をしながら進めていく表現手法です。子どもたちの表情を見ながら対話をしましょう。練習不足だったり慣れないうちは、つい絵人形を貼ったり外したりすることに気を取られてしまい、子どもたちの存在を忘れてしまいがちです。子どもたちに背中ばかり見せる「背中シアター」にならないようにしましょう。

③ 大きな動作で演じましょう

　子どもたちは、パネル板の絵人形と同時に演じ手のことを見ています。演じ手は、「黒子ではなく、役者」になりましょう。パネル板の絵人形は、常に動いている人形劇の人形と異なり、原則は「パネル板に貼ってあります」。必要のないとき以外は動いていません。パネルシアターの特徴として手でもっているより「貼ってあるほうが見やすい」こともあります。つまり、絵人形が動かないところを演じ手が表情豊かに大きな身振りや手振りで表現することが大切です。子どもたちは演じ手を見ながら、イメージを膨らませてパネルシアターを楽しんでいます。大きな動作でどんどん子どもの想像力を刺激しましょう。

④ 失敗も楽しさの一部です

　ときには、絵人形が落ちてしまったり、出す順番を間違えたり、といった失敗があります。そんなときこそが子どもたちの気持ちをつかむチャンスです！　パニックにならないで演じられる方法（ポイント）があります。

　まず、素直に子どもたちと一緒にビックリしてください。そして、その失敗をお話のなかに組み込んでしまえば大丈夫です。まさに、臨場感あふれた演出になります。ときにはわざと失敗してみたくなりますよ！
（p.85、p.95 の事例参照）

§4 実際に演じてみよう！
―― 「犬のおまわりさん」を演じる

　パネルシアターを演じるまでの準備についてこれまで説明してきました。これで、パネルシアターを演じる準備は完了です。

　最後に、実際に保育の場で演じる場合を例にあげ、具体的に演じ方の手順やポイントについて確認していきましょう。

- ■ 演じるパネルシアターの作品　　　　「犬のおまわりさん」
- ■ 対象の子どもたちと実習場面　　　　４歳児クラス　20人　帰りの会
- ■ 事前に環境設定しておくこと

- パネル舞台の設置場所をきめましょう。
- パネル舞台を設置します。それに必要なものを用意しましょう。パネル板またはパネル布、イーゼル、布の粘着テープ、机、下幕、目玉クリップなど、舞台のタイプに合わせて準備します。
- 絵人形を出す順番にセッティングして作品袋の上に置いておきましょう。パネル舞台の裏の机などに置きますが、子どもから見えないように作品の上に布などをかぶせておきます。
- パネル板がよく見えるように子どもたちの座る位置をきめましょう。座る位置と合わせて、椅子が必要か、床に座っても十分見えるか、確認しましょう。

- ■ 用意するもの

- 「犬のおまわりさん」の絵人形（下絵 p.110 ～ 113 に掲載）
　こねこ、犬のおまわりさん、「おうち」の文字と「名前」の文字（それぞれの文字の絵人形の裏は"？"マークを貼る）、カラス、スズメ、犬のおまわりさんの涙、コアラのお母さん、コアラの赤ちゃん、カンガルーのお母さん（おなかに赤ちゃん３匹）、トラ、こねこのお母さん、笑顔のこねこの顔、笑顔の犬のおまわりさんの顔
- パネル舞台（保育室に合わせて、パネル舞台のタイプを選んでください。p.62 ～ 65 参照）。

- ■ 留意点

- パネル舞台が逆光にならないように設置しましょう。
- パネルシアターのお話に入る前に、子どもが集中できる手遊びなどを行うとお話に入りやすくなります。
- 「はじまり」と「おわり」を明るい笑顔でまとめることが大切です。はじめに、安心して十分に楽しむことができるように「楽しかったら笑ってね」「知っている歌があったら、一緒にうたおうね」などと一緒にパネルシアターを楽しもうという気持ちを子どもたちに伝えましょう。子どもたちの笑顔がパッと広がります。

第4章 パネルシアターを演じる

実践パネルシアター　犬のおまわりさん

構成 ● 藤田佳子　　え ● 吉野真由美

　簡単に演じることのできる「犬のおまわりさん」を紹介します。みんなよく知っている「犬のおまわりさん」の歌に合わせて、絵人形を増やすことによって、お話やドラマがどんどん広がっていきます。パネルシアターの特徴の一つです。基本になる脚本は載せてありますが、ストーリーはむずかしいものではないので、そのままを覚えて演じることだけにとらわれるのではなく、子どもたちの顔を見ながら自分の言葉で語り、子どもたちの声を受け止めて、楽しみながら自分らしく演じてください。

せりふ・演じ方	場　面	ここがポイント！
① みんなのよく知っている「犬のおまわりさん」を一緒にうたいましょう。 ・こねこと犬のおまわりさんを出す。 ♪（歌） まいごのまいごのこねこちゃん		❢ 右利きの人は舞台に向かって右に立ちます（左利きの人は左に立ちます）。 ❢ 子どもと一緒に楽しくうたいましょう。 ❢ 絵人形の顔（とくに目のあたり）を手でもたないように出しましょう。
② ・おうちとなまえを出す。 ♪（歌） あなたのおうちはどこですか ♪（歌） おうちを聞いてもわからない なまえを聞いてもわからない ・おうちとなまえをひっくり返して？マークにする。		❢ うたうときに子どもたちが絵人形を見ながらうたえるように歌詞よりも少し前に絵人形を出しましょう。 ❢ 絵人形に向かってではなく、子どもたちの顔を見ながら笑顔でうたいましょう。
③ ♪（歌） ニャンニャンニャンニャーン ニャンニャンニャンニャーン 泣いてばかりいるこねこちゃん ・涙を犬のおまわりさんの絵人形に貼る。 犬のおまわりさん困ってしまって ♪（歌） ワンワンワンワーン ワンワンワンワーン ・？マーク2つを外す。		❢ 役者のように豊かな表情で演じましょう。 ❢ 舞台の横 50cm くらい離れて立つと子どもたちからパネル板がよく見えます。

せりふ・演じ方	場　面	ここがポイント！
④ ♪（歌） 　まいごのまいごのこねこちゃん 　このこのおうちはどこですか？ ・カラスとスズメを出す。 ♪（歌） 　カラスに聞いてもわからない 　スズメに聞いてもわからない		・パネル板の遠い位置に貼るときは、一歩前に出て貼りましょう。
⑤ ・カラスをひっくり返して右の方に貼る。 ♪（歌） 　ニャンニャンニャンニャーン 　ニャンニャンニャンニャーン 　泣いてばかりいるこねこちゃん 　犬のおまわりさん困ってしまって 　ワンワンワンワーン 　ワンワンワンワーン		・カラスやスズメの視線がこねこちゃんに向いているように貼りましょう。 ・カラスとスズメの位置が、犬のおまわりさんやこねこちゃんに近くなりすぎないように、空間を取りましょう。
⑥ ・こねこをひっくり返して、右へ移す。 あっ、むこうからカンガルーさんが来たよ。 ・カンガルーのお母さんを出す。 カンガルー母：どうして泣いているの？ こねこ：ママがいなくなっちゃったの カンガルー母：まあ、大変！！ママがいなくなっちゃったのね		・パネル板全体を使って絵人形を貼りましょう。（自分の近いところに偏りやすいので注意！！）
⑦ カンガルー母：私には、子どもがいっぱいいるのよ ・赤ちゃんを1匹ずつ出しながら。 カンガルーの赤ちゃん： 　1匹目：早くママが見つかるといいね 　2匹目：どこに行っちゃったのかな～？ 　3匹目：きっと見つかるよ！		・舞台の前に一歩出て動かしたり、貼ったりしてすぐに元の位置に戻りましょう。

せりふ・演じ方	場　面	ここがポイント！
⑧ ・コアラの赤ちゃんを後ろに重ねて、コアラのお母さんを出す。 あっ、こんどはコアラさんが来たよ コアラ母：まあ、どうして泣いているの？ こねこ：ママがいなくなっちゃったの コアラ母：まあ、大変！！		👣 表情豊かに演じましょう。 👣 コアラの赤ちゃんをお母さんの後ろに重ねて、見えないように、また落とさないように出しましょう。
⑨ コアラ母：あらっ！？　大変！うちの子はどこに行っちゃったのかしら？さっきまでいたのに…… ・あちこち探す。 コアラ赤ちゃん：わ〜い、ママ！ ・コアラのお母さんの背中から顔を出す。 コアラ赤ちゃん：ぼくここにいるよ コアラ母：まあ、私がおんぶしていたのね。すっかり忘れていたわ。でもよかった！！　こねこちゃんのママも早く見つかるといいわね		👣 パネル板の上だけでなく、演じ手自身がコアラのお母さんになって、「あちこち探す」しぐさをしましょう。 👣 コアラの赤ちゃんの出し方は、２通りできます。好きなほうで演じましょう。 ① お母さんの後ろから赤ちゃんを引き出す。 ② お母さんを下にずらして、赤ちゃん登場！
⑩ ・後ろ姿のトラを出す。 ・犬のおまわりさんの涙を外す。 犬：あらっ！　あそこに色がそっくりな人がいるわ。こねこちゃんのママかもしれないわよ。聞いてみましょう ・犬のおまわりさんをひっくり返してトラに向ける。		👣 トラのように表裏に絵人形があるものは、出すときに裏の絵が子どもたちに見えないように出しましょう。

せりふ・演じ方	場　面	ここがポイント！
⑪ 犬：もしもし、あなたのお子さんですか？ ・トラをひっくり返して正面にする。 トラ：はっ……、こんにちは 犬：すみません、トラさんでしたか。こんにちは。こねこちゃんがまいごになって、ママを探しているんです トラ：そうでしたか。早く見つかるといいですね		❢ パネル板だけを見るのではなく、子どもたちのほうも見ながら話を進めましょう。
⑫ ・犬のおまわりさんを元に戻す。 むこうから誰か来たよ ・こねこのお母さんを出す。 こねこ：あっ、ママ～！！ ・こねこに笑顔を貼る。 こねこ母：まあ、ここにいたのね。よかった！ 本当に見つかってよかった。みんなも探してくれてありがとう 犬：お母さんに会えてよかったね ・犬のおまわりさんの笑顔を貼る。 ・他のみんなも口々に「よかった！」と喜び合う。		❢ 笑顔を貼るときは、セリフの前に出すくらいのタイミングを心がけましょう。

🌼🌼 column

子どもへの語りかけ方、呼吸の合わせ方、受け止め方をどうやったらうまくなる？

　これはまさに、経験あるのみ。パネルシアターを演じていると、うまくいかないと感じることもいっぱいあると思いますが、めげずにどんどんチャレンジあるのみです。「わかってほしいから、ゆっくりとわかりやすい言葉で」「子どもたちとのやりとりが楽しいから、演じ手も自然に表情豊かに、いい笑顔に」経験を積むなかで自然と身についていきます。季節が変われば話題も変わり、子どもの年齢や人数が変われば語りかけ方も変わる……、そんなアレンジもパネルシアターを演じる経験を通して養われ、できるようになっていきます。

犬のおまわりさん

作詞　佐藤義美　作曲　大中　恩

まいごの まいごの こねこちゃん　あなたの おうちは
どこですか　おうちを きいても わからない　なまえを きいても わからない　ニャン ニャン ニャンニャーン ニャン ニャン ニャンニャーン
ないてばかりいる こねこちゃん　いぬの おまわりさん
こまって しまって ワン ワン ワン ワーン　ワン ワン ワン ワーン

hint & idea

お得でエコなパネルシアター！

　パネルシアターをやってみたいけど、むずかしくないかなあ……費用がかかるのかなあ……と心配している学生が結構たくさんいます。でも大丈夫！　パネルシアターは、手軽にできて、お金だってそんなにかけないでスタートできます。しかも、不織布という素材でできているので、紙と違って一度つくれば20～30年使っても壊れません。少ない費用でいっぱい楽しめます。

　では実際にパネルシアターを実践するには、どのくらいの予算でできるのでしょうか。最低限必要なものは、「パネル布（舞台用で1,000円程度）」、「Pペーパー 10枚（絵人形用で1,000円程度、SサイズとLサイズがあります。10枚で約1～2作品できます）」です。このほかに、色を塗るための「絵の具や筆」、輪郭を書くための「黒の油性ペン」があれば、パネルシアターをつくって演じることができます。

　もう少し予算があれば、「ミニスタンド（3,500円程度）」があると、ダンボールパネル板を簡単にどこでも設置できて、練習でも本番でも重宝し、とても便利です。

　p.119にパネルシアター関係素材や書籍が購入できる出版社を紹介してあります。

（写真商品）ミニスタンド：アイ企画

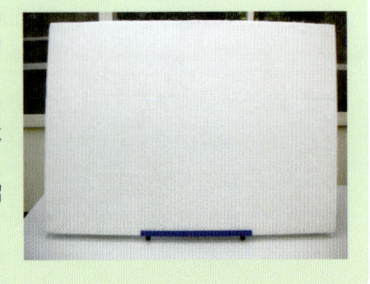

第5章

実習でパネルシアターを演じる

§1 実習でパネルシアターを演じる

1．実習でのパネルシアターの作品の選び方

　パネルシアターは、演じ手と子どもたちとの対面による言葉のやりとりを行いながら、展開していくのを特徴とする表現方法です。実習場面でも、この特徴を生かすためには、コミュニケーションがスムーズにできる作品の選び方が一つのポイントになります。

　実習生からの質問で多いのが、「3歳児向けのパネルシアターはどんなものがありますか？」「梅雨のころにやりたいのですが……」「秋の季節に合ったものは？」という対象年齢に関するものや実習時の季節に関連したものです。たしかに、年齢や季節に合わせた作品は子どもたちの関心や日常保育の流れに沿いやすいので、演じやすいです。しかし、基本は何よりも演じ手が楽しくいきいきと演じることのできる作品を選ぶことが大切です。つまり「この作品が好き！」「この作品で子どもたちと一緒に『やりとり』をしてみたい！」と思える作品を選ぶようにしましょう。子どもたちは演じ手のそんな気持ちを敏感に感じます。いつのまにかそこには一緒に楽しもうとする雰囲気ができてきます。そうなれば、あとは子どもたちの「力」でパネルシアターをどんどん盛り上げてくれます。とはいっても、演じた経験のない実習生のみなさんもいるかと思いますので、作品の選び方については、第3章（p.32～）に詳しく紹介していますので参考にしましょう。

　これまでも述べてきましたように、パネルシアターは同じ作品で幅広い年齢を対象に演じることができます。それは子どもたちの反応や応答に合わせて言葉のかけ方を変えたり、絵人形の出し方を変えたり、展開を状況に合わせることができるため、どの作品も演じ方次第でどの年齢でも楽しく感じることができるからです。実習などの実践を重ねるなかで同じ作品でも、演じ方のアレンジを意識するとよいでしょう。"自分だけの18番"の作品をもつといつでも自信をもって笑顔でやりとりできますよ。実習での演じ方の実践例は、本章の§2（p.82～）で紹介していますので参考にしましょう。

2．実習でパネルシアターを演じるときに

　実習先でパネルシアターを演じるときは、まだ十分に園や子どもたちの様子がわからないなかでやることも多いでしょう。そんな状況のなかで、子どもたちと楽しくパネルシアターをするには事前の準備がとても大切です。この準備がしっかりできれば、もう半分は成功したようなものです。さあ、子どもたちの笑顔とハートをつかむために万全の準備をしましょう。

（1）演じる際の心構え

子どもたちは、実習生の明るい表情と新鮮な感性をとても楽しみにしています。笑顔を子どもたちのほうに向けながら語りかけてください。はじめは緊張でパネル舞台のほうに体や語りかけが向きがちですが、演じ手が子どもたちの顔を見ながら語りかけ、子どもたちと言葉のキャッチボールをすることがパネルシアターの基本です。子どもたちは演じ手が自分たちの言ったことに対して応えてくれるとうれしくなって、どんどんパネルシアターの世界に入ってきます。子どもと一緒にパネルシアターを楽しむ気持ちで演じましょう。

（2）事前準備

練習を自宅でしっかりとやることはもちろんですが、あらかじめ実習先でパネルシアターを行う時間、場所、お借りできるものを担当の保育者に確認しておきましょう。できれば、目で確認するだけでなく、事前にパネルシアターの舞台をセッティングさせていただくなどのリハーサルができれば安心です。よく実習生から「幼児用テーブルにパネル布を張ろうと思ったら、目玉クリップがなかった……」「パネル板を置いてみたら、子どもたちからよく見えない高さや場所だった……」などの声を聞きます。このように実際にやってみると気がつくことがあります。前日までにやっておくと安心して当日は手際よく準備ができるので、落ち着いてパネルシアターをはじめることができます。

（3）服装・持ち物

服装は、大きな絵や柄があるものではなく、子どもたちがパネルシアターに集中できるように、できるだけ無地のものがよいでしょう。また、色は、明るいものがよいでしょう。演じ手は、黒子ではなく登場人物の1人ですから、あまり地味すぎず、いきいきと見えるものがよいです。持ち物は、p.81のチェックリストを参考にしてください。意外に細かいもの、小道具やCDなどを忘れがちです。「練習後、CDをデッキに入れたまま家を出てしまった……」ということにならないように気をつけましょう。

3．実習でパネルシアターを演じるときの留意点・注意点

十分に準備したつもりでも、実際に演じてみたら予想外のことが起こります。そんなときにあわてないでスムーズに対応するために、いくつかポイントをあげてみました。これらを参考に、子どもたちにパネルシアターを演じましょう。

（1）よく起こってしまうこと

① 演じ手の体でパネル板の絵人形が見えない

演じ手は、パネル板から一歩横に（50cmくらい）離れて立ちましょう。パネル板よりも前に出て立つと一歩離れていても見えないところがでてしまうので、気をつけましょう。

② 子どもの反応が予想外のものであった

まず、子どもの言った言葉を受け止めるようにくり返しましょう。それから、子どもの声を受けて、否定的な言葉でない「ひとこと」を添えて応えましょう。このようなときは自分の練習してきた「セリフ」にとらわれることなく、子どもたちの生の声を楽しみながら受け止めて、できる限り生かしていこうとする気持ちが大切です。子どもたちは、自分の言ったことがパネルシアターの流れのなかに取り入れられるととてもうれしくなって、実習生との距離感が縮まり、よい関係ができてきます。子どもの声のなかには、自分では気がつかなかったパネルシアターの演出の新しいきっかけとなるものもあります。パネルシアターは、演じ手と観客との化学反応でどんどん変化し成長していく楽しみがあります。

③ 子どもが途中で前に出てきて、絵人形を触りにくる

子どもたちは、興味津々で絵人形を触りたくなってしまいます。しかし、前に出てくる子がいるとそのほかの子どもたちが見えなくなったり、楽しめなくなってしまうことをパネルシアターをはじめる前に子どもたちに伝えましょう。それでも、前に出てくる子がいたらやさしく話して座るように促しましょう。また、舞台と子どもとの距離や高さをとり、子どもが手を伸ばしてすぐに届く環境をつくらないようにすることも効果があります。

④ 絵人形の片づけ方がわからない

パネルシアターがおわって絵人形がそのまま残っていると、子どもたちは気になって絵人形で遊びたくなります。そのまま、子どもたちと絵人形で遊ぶ計画があれば絵人形はパネル板に残しておいても結構ですが、一般的には、子どもたちに言葉かけをしながら、すべての絵人形を片づけて終了しましょう。

お話や歌がおわって、子どもたちと楽しかったことを振り返りながら絵人形を外していくとよいでしょう。作品によっては、子どもたちの生活や行事に関連づけた話をしながら片づけていくのもいいですね。

（2）失敗してしまったときは

① 絵人形が落ちてしまった

自然な動作で絵人形を拾いましょう。アドリブでひとこと言いながら、つなげるといいでしょう。「ピンポ〜ン」の事例（p.95）を参考にしてください。

② 歌やセリフを忘れてしまった

どんな場合も、パネルシアターの流れを止めないで演じきることが大切です。

- 子どもたちがよく知っている歌の場合は、子どもたちが元気にうたってくれるので笑顔で子どもの歌に声を合わせて乗りきりましょう。
- オリジナルの歌で子どもたちがよく知らない場合は、自分流でよいので歌詞やメロディをアドリブで創作して楽しい雰囲気や流れを壊さないように続けましょう。
- お話のセリフを忘れてしまったら、練習でお話の大きな流れは把握していると思いますので、流れに合わせて忘れたセリフにこだわらずにお話を続けましょう。子どもたちが楽しんでいるお話の世界を大切にしましょう。

panel theater check list

実習直前 パネルシアター チェックリスト ♪

実習でパネルシアターを行う準備は整いましたか？　チェックしてみましょう！

1. オリエンテーションでパネルシアターをやりたい旨を担当の保育者に伝えましたか？ ☐
   ① 対象年齢を確認しましたか？ ☐
   ② いつどこで行うのか、確認しましたか？ ☐
   ③ 実習園にパネルシアターの舞台があるか確認しましたか？ ☐
      ※ 園の舞台を使う場合は見せていただきましょう。実習に入ったら、できるだけ早い時期にパネル舞台を実際に組み立ててみましょう。きちんと組み立てられるか、保育室に設置できるか等を確認することが大切です。
   ④ 実習園にパネル舞台がない場合は、どのようにしてパネル舞台を準備するかを、保育者に具体的に（お借りしたい物なども含めて）説明できるように準備しましたか？ ☐
   ⑤ パネル舞台設置等の最終確認のリハーサルを行いたい旨を伝えましたか？ ☐
   ⑥ 指導案の提出方法や日時を確認しましたか？ ☐

2. パネル舞台の準備はできましたか？ ☐
   ① パネル板、または、パネル布 ☐
   ② イーゼル、または、幼児用テーブル（パネル板を支えるもの） ☐
   ③ 幼児用テーブル（舞台を載せる台となるもの） ☐
   ④ 机、または、ボックスなど（絵人形などを載せる台） ☐
   ⑤ 布の粘着テープ ☐
   ⑥ 目玉クリップ（4～6個） ☐
   ⑦ 下幕（裏に置く作品等の舞台裏が見えないように目隠しする布） ☐
                                            ※ ③④は兼用することもできます。

3. 練習は、十分にしましたか？ ☐
   ① お話の流れを把握し、セリフを覚えましたか？ ☐
   ② 歌のメロディや歌詞を覚えて、しっかりとうたえますか？ ☐
   ③ 「間」があかないように、言葉かけをする練習をしましたか？ ☐
   ④ 子どもたちのほうを見ながら、演じる練習をしましたか？ ☐

4. 作品の準備はできましたか？ ☐
   ① 絵人形は、出す順番にセッティングしましたか？ ☐
   ② 台本は入れましたか？ ☐
   ③ 作品によってはCD／カセットテープを入れましたか？ ☐

5. 音楽を使う場合、CDデッキと延長コードを用意しましたか？ ☐

6. 服装や身だしなみは、準備しましたか？ ☐
   ① 明るい色で（できれば）無地のものですか？ ☐
   ② 袖口はすっきりしていますか？ ☐
   ③ 爪は短く切ってありますか？ ☐
   ④ 指輪やマニキュアは、ついていませんか？ ☐
   ⑤ 長い髪の毛は、きちんと束ねていますか？ ☐

7. 指導案は準備しましたか？ ☐
   ① パネル舞台の設置場所、いつ設置するか、子どもの座る位置などの環境設定は記入されていますか？ ☐
   ② 導入やおわり方も詳細に記述してありますか？ ☐

§2 パネルシアターの実践事例から

　今までパネルシアターを演じる際の事前準備や作品例を使っての演じ方を説明してきました。演じ方の基本やポイントが理解できたことと思います。

　しかし実習では、子どもの前でパネルシアターを行うと、予期していなかったさまざまなことが起こります。ここでは、実習生が行った実践事例を3例あげました。自分が演じようとしている作品では、どんなことが起こりそうなのか、またそれらに対してどのように対応したらよいのか、事例を参考に事前対策を立てて練習をしましょう。パネルシアターにはいろいろな演じ方があり、また楽しみ方があることを学んでもらいたいと思います。

　次にあげる実習生の事例を見ると、子どもたちとの言葉のキャッチボールの様子や、覚えていたセリフを忘れたり抜かしたりしてしまったときの対応、絵人形が落下したときの対処方法、年齢による反応の違いなどがよくわかると思います。事例を読みながら、自分が実際にパネルシアターをするときのイメージを思い浮かべてください。そのイメージを大いに膨らませて、練習してみましょう。そうすれば、きっと子どもたちのキラキラした目に出会って、パネルシアターの魅力を体感することができます。そのためには、「自分が楽しんで！」パネルシアターを演じましょう。

　そのうえで積極的にパネルシアターを実習で実践しましょう。たくさんの経験を積むことによって自分らしい演じ方が身についたり、子どもたちとのやりとりの呼吸がつかめるようになっていきます。パネルシアターのもつパワーを実感することができるでしょう。

column

実習での緊張をほぐしてくれたパネルシアター

　子どもとかかわることが大好きで、保育者をめざしていた私ですが、大勢の人の前に出るとふだんからとても緊張してしまいます。はじめての保育実習。いくら大好きな子どもたちとはいえ、実習初日、たくさんの子どもの前に出て自己紹介をする場面は、実習に行く前から不安で不安でたまりませんでした。そこで大学の実習指導の先生に相談してみたところ、「パネルシアター」で自己紹介をしてみたらとすすめられました。実習では事前に5歳児クラスの担当がきまっていたので、食べ物などを子どもたちに当ててもらうクイズのパネルシアターをつくり、食べ物の頭文字で自分の名前を紹介することにしました。自分自身でつくったため、お話などを覚えることも簡単でした。

　実習当日。やはり、はじまる前はいつもどおりとても緊張！　しかし、パネル板を出すと、子どもたちはパネル板と絵人形に興味津々。クイズはとても盛り上がり、気がついたら子どもたちとのかけあいに自分自身が夢中で、緊張していたことなどすっかり忘れてしまいました。緊張せずに行えたこともあり、想定していた子どもたちの反応と違うところも、自然と対応することができたように思います。子どもたちとのかけあいから、実習初日に個々の子どもの個性も少しではありますが、感じることもできました。次に行う責任実習の際も「パネルシアター」を取り入れようと考えています。今度はもう少しストーリー性のあるものにチャレンジしたいと思っています。（四年制大学3年生）

第5章 実習でパネルシアターを演じる　83

実践パネルシアター

コブタヌキツネコ（連続変身）

構成 ● 古宇田亮順　　え ● 松家まきこ

　しりとり歌になっている「コブタヌキツネコ」に合わせて、ブタだけかと思ったら次から次に動物たちが出てくる歌遊びです。ちょっとびっくりする展開が広がります。歌は追いかけ歌になっていますので、小さい子どもたちや歌を知らない子どもたちも安心して楽しくうたえます。

せりふ・演じ方	場　面	ここがポイント！
① 「コブタヌキツネコ」の歌を一緒にうたいましょう。 追いかけ歌になっているので、私のあとについて、まねっこしてうたってね。 ・こぶたを出す。 ♪こぶた（子ども：こぶた）	（こぶたの絵）	・舞台の中央にこぶたを貼ります。 ・子どもたちが一緒にうたえるように声かけをします。わかりにくいようなら少しうたって、見本を示すとよいでしょう。
② ・たぬきを出す。 ♪たぬき（子ども：たぬき）	（たぬきの絵）	・歌のテンポに合わせるコツは、こぶたをうたっているときに、こぶたの足に手をおいて、次のたぬきを出す（めくる）準備をするとよいでしょう。 ・めくるときに絵人形を1度パネル板から浮かして貼ると、頭の部分が1枚になって安定します。
③ ・きつねを出す。 ♪きつね（子ども：きつね）	（きつねの絵）	・歌詞よりもワンテンポ早めに次の動物をめくって出すようにすると、子どもたちは次の歌詞がわかり、うたいやすくなります。
④ ・ねこを出す。 ♪ねこ（子ども：ねこ） わあ、みんな上手にうたえましたね。今度は鳴き声でうたいましょう。	（ねこの絵）	・同様に足の部分をめくって、次のこぶたに変身する準備をします。 ★以下、歌に合わせて、くるくると絵人形を手際よく出してうたいましょう。 ★「ブーブ」「ポンポコポン」「コンコン」「ニャーオ」と鳴き声でもうたってみましょう。

作品詳細BOOK!　古宇田亮順編著『パネルシアターであそぶコブタヌキツネコ』（大東出版社、2007）

♪ コブタヌキツネコ

作詞・作曲　山本直純

こ ぶ た　た ぬ き　き つ ね　ね こ　こ ぶ た　た ぬ
き　き つ ね　ね こ　こ ぶ た　た ぬ き　き つ ね　ね
こ　こ ぶ た　た ぬ き　き つ ね　ね こ

column
くるくる変身！　子どもたちも大好きな「コブタヌキツネコ」のつくり方

「コブタヌキツネコ」は子どもたちも大好きな作品の一つです。「コブタヌキツネコ」だけでも1冊の本が出版されている（『パネルシアターであそぶコブタヌキツネコ』大東出版社、2007）くらい、たくさんの演じ方ができるパネルシアターの代表作品といえます。ここでは本書でも紹介した、輪止めのしかけを使った連続変身（1体の絵人形が次々に変身する技法）のつくり方を紹介します。

① コブタ、タヌキ、キツネ、ネコの頭と体をそれぞれ同じ形と大きさでつくります。

頭も体もすべてこの形でつくります♪

② 左のように、
　　コブタの頭（の裏に）―ネコの体
　　タヌキの頭（の裏に）―コブタの体
　　キツネの頭（の裏に）―タヌキの体
　　ネコの頭（の裏に）―キツネの体
をそれぞれ表裏に接着剤で貼り合わせます。

③ ②で貼り合わせた4組の「頭＋体」をすべて左のように重ねて、首の部分で2か所輪止めにします（輪止め、p.48 参照）。

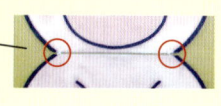

首の部分で4体つなげて輪止め

くるくるめくると、コブタ、タヌキ、キツネ、ネコに変身する絵人形のできあがり！

この絵人形を使って、いろいろな遊び方ができます。右のように、絵人形を首の部分で2つ折りにして逆さにすると、目をかくして「いない いない ばあ」をしている姿になります。「いない いない ばあ！」と言いながら、裏返して顔を見せて遊びましょう。また、絵人形を逆さに使って見せれば「コネ」「ネツキ」「キヌタ」「タブコ」と「逆さ言葉遊び」もできますね。この作品は、絵人形が1つになっていてバラバラにならないので、パネル板がなくても、手でもって見せることができます。

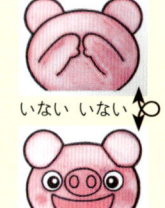

いない いない

ばあ！

事例

一緒にうたって笑顔がいっぱい！
（保育所・2歳児クラス・帰りの会）

　部分実習を2歳児のクラスで行いました。私が実習に行った園では、パネル板はありましたが、イーゼルがなかったので、机と椅子を使って何とか固定しました。

　パネルシアターの舞台の前にあらかじめ人数分の椅子を並べておき、子どもたちに座ってもらいました。

　「今日はとっても楽しいお友だちを連れてきました」と言いながら、コブタの「いない　いない　ばあ」の絵人形を見せ、「だあれだ！」と聞くと子どもたちが「ブタ！　ブタ！」と言ってくれたので、その元気な声に勇気をもらい、「みんなでブタさ〜ん！って呼んでみようか」と声かけをしました。みんなでそろって「ブタさ〜ん！」と呼び、「はーい！」と答えながら裏返して、まずはコブタの顔を見せ、次に「当たり〜！」と言って、コブタの全身を出しました。

　子どもたちは「コブタヌキツネコ」の歌を知っている子もいましたが、知らない子もいたので、「先生のあとについて、まねっこしてうたってね」と言ってから、うたいはじめました。子どもたちは、目の前でくるくると変身する動物たちを見ながら、元気よく笑顔いっぱいにうたってくれました。しかし、歌のテンポに合わせて、絵人形をスムーズにひっくり返すことがむずかしくめくるときにもたついて、途中で歌がゆっくりになったりしました。そのうえ、途中でパネル板がひっくり返ってしまいました。子どもたちの集中力が少し乱れてしまうかな、と思いましたが落ちてしまった絵人形に興味を示して、絵人形を拾い上げて、私のところへ持ってきてくれました。「キツネさん、びっくりしたねぇ」と言いながら受け取り、拾ってくれた子には「ありがとう、○○くんのおかげで助かったよ」と声をかけて、「もう1度、最初からうたおうね」と仕切り直して、再開しました。

　その後は、パネル板がひっくり返ることもなく、鳴き声も交えて2度くり返してうたいました。子どもたちは歌とパネルシアターを十分に楽しみながら、最後まで元気いっぱいにうたって遊ぶことができました。

感想　しかけをスムーズに演じるためには、パネルシアターの練習が大切だと思いました。また、パネル板の設置のしかたを前日までに確認して、しっかりと布の粘着テープで固定する対策を立てておけば、今回のようなハプニングを防げたと思います。一方で、パネルシアターは2〜3歳の子どもでも集中して見ることができ、保育者自身が明るい声で演じ、その世界を楽しむことで子どもたちも喜んで見てくれたり、うたってくれたりすることを学びました。また、子どもたちの気持ちを受け止めながら進めることが大切であることがわかりました。

「コブタヌキツネコ」の絵人形は、くるくると絵人形が変身するしかけになっているため、スムーズに絵をめくれるように扱い方を練習していくことが大切です。絵人形がタイミングよく「くるっ」と変身すると子どもたちも大喜び。歌に合わせてリズミカルにうたってくれます。

歌の作品を子どもたちと一緒に楽しくうたうためのポイントは、「絵人形を歌詞よりも少し早めに出すこと」です。歌詞よりも少し早く絵人形を出してあげると、子どもたちは次の歌詞がわかり、自信をもって元気な声でうたうことができます。パネルシアターをはじめたばかりの人は、どうしても歌詞に合わせて絵人形を出そうとしますが、それでは子どもたちの目に絵人形が入るころには次の歌詞に歌が進んでしまってうたいづらくなります。子どもたちは、歌と絵人形が一致していると気持ちよく楽しめます。

■ 失敗したときの子どもたちへの言葉かけ

この事例では、パネル板が落下したときの対応はうまくできていましたね。子どもの言葉や行動を受け入れながら対処すると、作品の流れや子どもたちの集中力も途切れず、楽しく演じることができます。失敗は誰にでもあることですから、あわてずに子どもたちと一緒に自分も笑顔で応えるゆとりをもてたらいいですね。

■ パネル板がなくても演じることができる！

この作品は4つの絵人形が全部1つにつながっているため、パネル板がなくても演じることができます。くるくるとひっくり返す要領は同じです。胸の前に絵人形をもち、片手で頭の部分をもって、もう片方の手で足の部分をめくりましょう。

屋外や、遠足等のバスのなかで遊ぶときにも重宝します。p.84のコラムにもあるように、「逆さ言葉遊び」や、「いない いない ばあ」など、いろいろな遊び方で楽しみましょう。絵人形を使っていろいろと遊んでいると予想しないような展開を発見したりすることがあります。絵人形に使っているPペーパーはとても丈夫で壊れる心配がなく、一度つくると何度でもくり返し遊べて便利です。

この「コブタヌキツネコ」の絵人形のつくり方はp.84のコラムを参考にしてください。

---

column

子どもたちからよせられた声！

小学校で行ったパネルシアターの公演をみた子どもたちから、うれしいお便りをたくさんもらいました！　その一部を紹介します。
- ぼくはパネルシアターをみて、どうぶつのシャボンだまがたのしかったです。たぬきがじぶんでぶつかったところがおもしろかったです！（小学校1年生）
- コブタ、タヌキ、キツネ、ネコ、ていううたがいちばんたのしかったです。パネルシアターにあこがれてしまいました。（小学校1年生）
- パネルシアターはいろんなことができるんですね。みててとてもたのしかったです。（小学校2年生）

第 5 章　実習でパネルシアターを演じる　87

な〜んのクイズ？

さく ● 藤田佳子　　え ● 吉野真由美

　クイズ遊びのパネルシアターです。クイズの内容やヒントを変えていくことによって、どの年齢の子どもたちも楽しむことができます。実習でも取り入れやすい作品の一つといえるでしょう。また、実習生（保育者）がヒントを出しながら進めることによって、子どもたちは思考し、子どもたちのたくさんの言葉を生み出すことになりますので、言葉の発達にもつながります。子どもたちからいきいきとした言葉が引き出せる問題を実習生（保育者）自身が考えられるといいですね。

せりふ・演じ方	場　面	ここがポイント！
① ・「かばん」を出す。 これ、なあに？　そう「かばん」です！ でも、ふつうのかばんと違う特別なかばんなの。 これは「クイズのかばん」なんです！ みんなにいろいろなクイズを出してくれるよ！ 「クーイズ、クイズ」と言ったら、みんなは、「な〜んのクイズ？」と言ってね。そうすると、かばんクイズがはじまるよ。	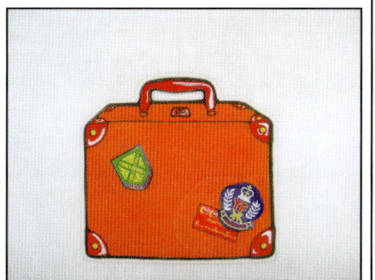	・クイズの答えのセッティングをするとき、窓を開けてヒントの見え方を調整することが大切です。 ・本物のかばんらしく持って登場すると子どもたちの楽しいイメージを膨らますことができます。 ・ワッペンのしかけが出すときに浮いてしまい、中のヒントが見えることがあるので、気をつけましょう。
② では1問目！ 「クーイズ、クイズ」 ・手拍子をしながら、子どもたちとかけ声のやりとりをする。 ・子ども：「な〜んのクイズ？」 「果物で、丸くて赤いもの、なあに？」 ・子ども：リンゴ、いちご、さくらんぼなどの声。		・笑顔で元気よく、手拍子をすると子どもたちも一緒に手拍子をして、「クーイズ、クイズ」の呼吸がぴったりと合います。 ・はっきりとした声で子どもたちの言った言葉を復唱しましょう。
③ いろいろなものがホントにあるね。たくさんあって、これだけだと決められないから、かばんからヒントをもらいましょう。「ヒーント、ヒント」と言ったら、みんなは、「どーんな、ヒント」と言ってね。 「ヒーント、ヒント」 ・子ども：「どーんなヒント」 ・窓になっているワッペンを開けてすぐしめる。 「こんなヒント！」 ・子ども：「あっ、リンゴだ！」などの声。 ではもう1回聞くね。では果物で、丸くて赤いものなあに？ ・子ども：「リンゴ！」		・「ヒーント、ヒント」に合わせて、元気よく手拍子をしましょう。 ・窓を開ける時間を一瞬だけにすると、子どもたちは見ようとしてグッと集中します。1秒くらいで十分です。大きな声で答えが返ってきます。 ・全員で答えてもらうために、もう1度問題をくり返しましょう。

第5章

88　第5章　実習でパネルシアターを演じる

せりふ・演じ方	場　面	ここがポイント！
④ 答えは……ジャジャーン！ 「リンゴ」でした。 　・リンゴをカバンから出す。 みんな大当たり!! 　・次のクイズを出す前に、リンゴはパネル板の下のほうに移動させる。 ※以下、同様にやってみたいクイズの数だけくり返す。		👣 手拍手をしながら、子どもたちと一緒に正解を喜び、共感しましょう。子どもたちの笑顔が輝きます。 👣 クイズがおわったら絵人形は次のクイズのじゃまにならないようにパネル板のすみにおいていきましょう。
⑤ 最後のクイズだよ。「クーイズクイズ」 　・子ども：「な〜んのクイズ？」 「空飛ぶ乗り物、なーに？」 　・子ども：「飛行機」「ヘリコプター」「ロケット」など。 「ヒーント、ヒント」 　・子ども：「どーんな、ヒント」 「こーんなヒント」 　・1つの窓を開ける。 　・子ども：「ロケット」「宇宙船」など。 　・子どもたちの声を拾い上げる。 じゃ、もう1つのヒントも見てみよう。こんなヒント！ 　・もう1つの窓を開ける。		👣 ヒントの窓は、年齢の高い子どもたちには2つ同時に見せないで、今までと同じように一瞬だけ見せてもよいでしょう。
⑥ 　・ヒントの窓を2つとも閉める。 さあ、空飛ぶ乗り物なあに？ 　・子ども：「UFO！」 ピョ〜〜〜〜〜ニョヨンヨンヨン、キーン、そう、UFOでした。 　・UFOをゆっくり出して、パネル板の左側の上のほうに貼る。 大当たり!! 　・UFOから宇宙人を少しずつ引っ張り出す。 「コレデ　ナーンノクイズ、オ・シ・マ・イ　デース！」		👣 子どもたちの顔を見ながら演じて一緒に驚きを楽しみましょう。 👣 宇宙人らしくセリフを言いながら、一体ずつ宇宙人を引っ張り出すと、子どもたちは大きな歓声をあげるでしょう。

作品詳細 BOOK!　藤田佳子著『よっちゃんのわいわいパネルシアター』（大東出版社、2004）

♪ な〜んのクイズ

作詞・作曲　藤田佳子

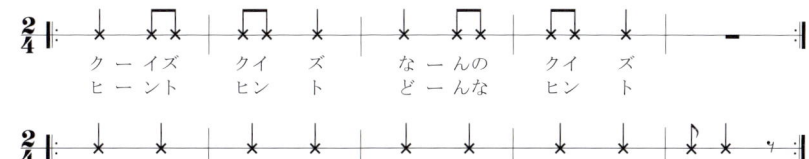

$\frac{2}{4}$　クーイズ　ヒーント｜クイズ　ヒント｜なーんの　どーんな｜クイズ　ヒント｜—｜

拍手・打楽器　$\frac{2}{4}$

事例

クイズでコミュニケーション！
（保育所・4歳児クラス・おやつ前）

　おやつの準備をしている間にパネルシアター「な〜んのクイズ？」を15分行いました。
　パネル板をイーゼルに載せて下幕をたらし、子どもたちには子ども用の手づくり長いすに座ってもらい、部分実習として行いました。室内で遊んでいる子どもたちに「今日は、先生がみんなに楽しい遊びをもってきたよ」と声かけをし、子どもたちの注目を集めました。子どもたちはこれから何がはじまるのかと期待している様子で、「何するの？」と聞いてきたり、「早くやって」と言ってきたりする子がたくさんいました。「パネルシアターをするよ」と答えると、とくに4歳児のクラスでは、パネルシアターが好きな子が多く、はじめる前からとても喜んでくれました。「な〜んのクイズ？」のフレーズはみんなよく知っていて私の声かけに対してすぐに手拍子とともに大きな声で言ってくれて、とてもスムーズに進めることができました。一つひとつのクイズに対し、多くの子どもが反応し、答えてくれました。
　私が「赤くて丸い果物なあに？」と問いかけたとき、「りんご」「いちご」「さくらんぼ」というなかに混ざって「トマト」と言う子がいました。「え〜!?　トマトも果物なの？」と言う子がいたときはどうしようかとドキドキしました。私もよくわからなかったので無理やりその場で答えを出すのではなく「先生もよくわからないから、調べて明日お話しするね。みんなもお家に帰ったらお家の人に聞いてみて、わかったら明日、先生やみんなにも教えてね」と子どもたちに伝えました。
　子どもたちは、クイズの答えを考えて大きな声で答える楽しさと、カバンの窓から見えるヒントで大いに盛り上がりました。最後に宇宙人が出てくるところでは、子どもたちが歓声をあげたり、「あの宇宙人は○○みたい」という子もいました。自由遊びのときに砂場で「クーイズ　クイズ！」と遊んでいる子どもたちがいて、印象に残っているのだなと感じました。

感想

おわったあとも「先生、おもしろかった」「楽しかった」などと言ってくれる子や「もっとやって」という子もいました。実習で実際に子どもたちの前でパネルシアターを行ってみて少し緊張はしましたが、子どもたちの反応のおかげで緊張がほぐれ、一緒に楽しむことができました。子どもたちと楽しむためには、何よりもまず自分が楽しむということも忘れてはならないとあらためて感じました。パネルシアターは、子どもたちとのコミュニケーションを図るための最高の遊びだと実感しました。

実習生が、子どもたちを集めるのに上手な声かけをしていますね。子どもたちの期待を高めているのはよいのですが、忘れてならないのは、子どもたちを待たせないということも大切なポイントです。すぐにはじめられるようにあらかじめセッティングをしておきましょう。

　共有感が高まり、全員がクイズに集中してやりとりがスムーズに進むポイントは次のとおりです。

① 子どもからたくさんの物の名前が出るように「丸くて赤いものはたくさんあるよ」と声かけをするとたくさんの物を大きな声で言ってくれます。

② 子どもの答えを復唱しましょう。答えを言った子どもは先生が受け入れてくれた喜びと満足感を実感し、他の子どもは自分の考えていたものと同じなら共感、異なる場合なら発見や気づきにつながり、知識や言葉が広がります。全員がどんな物が答えの候補に上がっているのか確認する大切な場でもあります。

　この実習生は、復唱しながら楽しく進めています。予想外の「トマト」という子どもの声もしっかりと受け止め、子どもたちの疑問を共有しながら知的な関心を高めるように言葉かけをしていましたね。とてもよい対応だと思います。また、復唱時、簡単なコメント（「よく知っているね」「先生、いちご大好き」等）を入れると距離が近くなりコミュニケーションのきっかけにもなります。子どもとのかけあいの呼吸や共有感を楽しんでください。

■ 子どもの描いた絵を使ってクイズ遊び！

　パネルシアターのパネル板にはいろいろな素材が、貼りつきます。その一つが、「画用紙」。そのままでは貼りつきませんが、裏面を紙やすりでササッと軽くこすれば簡単に毛羽立ち、パネル布の長い毛足に絡まってパネル板に見事にくっつきます。しかも答えの絵はまわりを切り取らないで使うので、描いたらすぐに使えます。子どもたちには、「カバンのなかに入れるサイズに切ってある画用紙を渡しながら、「この画用紙いっぱいに大きな絵を一つ描いて」と言ってください。そうするとカバンの窓から大きな絵人形の一部が見えて、いいヒントになります。答えを出したときも大きな絵人形でわかりやすいです。

■ 使える!!　1つの絵人形（答え）でいろんな問題がつくれる！

　この作品は、子どもたちの年齢や季節、行事などいろいろな目的に合わせて使えるオールマイティな作品です。普通は1つの絵人形に対して1つの使い方になりますが、この作品の便利なところは、同じ答えでもいろいろな問題がつくれるところです。たとえば、「答え：きゅうり」に対して問題は、①みどりの野菜はなあに？、②細長い野菜は？、③夏の野菜は？、④園庭でみんなが育てている野菜は？など、そのときのねらいや目的に合わせて自由自在に使えます。子どもたちと一緒にクイズを楽しんで遊んでください。

　また、「なんでもボックス12ヶ月」もこのようにいろいろな場面で使える作品です。

第5章　実習でパネルシアターを演じる　91

実践パネルシアター

実習に役立つ「ピンポ～ン」

さく ● 藤田佳子　　え ● 吉野真由美

　ドアの窓からのぞく来客にハラハラドキドキしながら、楽しむ歌遊びです。お誕生日パーティにやってくる来客に「キャー！」「よかった！」と子どもたち全員でポーズをしながら盛り上がります。

　この作品は、実習生用にしかけや絵人形を簡単にしました。オリジナルは、『みんなわいわいパネルシアター』（藤田佳子著・大東出版社）に収録されている「ピンポ～ン」です。

せりふ・演じ方	場　面	ここがポイント！
① 今日は私の誕生日！ いろんなお友だちが遊びにくるの。 楽しみだな～！ ・ヒツジを出す。 でも、ときどき間違っておばけがくることもあるの。 そんなときはみんなの力で、「キャー!!」と言って追い払ってね。 ・おばけの手をしながら話す。 ・両手を上げて「キャー！」のポーズをする。		🐾 笑顔で子どもたちに一言語りかけてから、絵人形を貼ると、子どもたちの気持ちを一つにしてはじめることができます。 🐾 子どもの顔を見ながら表情豊かにしましょう。 🐾 思いっきり大きな動作で演じましょう。
② あっ！　誰か来たよ！ 誰かなあ？ ピンポ～ン！ ・ドアの後ろにペンギンを重ねて出す。 一緒にやってみてね。 ♪（歌）ピンポ～ン…… 　　（歌詞略、以下同様） ・子どもたちが手遊びに一緒に参加できるようにひと声かける。 ・大きな動きで演じる。		🐾 ドアの後ろに隠してある動物が子どもに見えないように出すこと!!見えると子どもたちは「あっ！見えた！　次は～だ！」と騒ぎます。 🐾 ドアが傾かないようにまっすぐに貼ることが大切です。不安定な画面になると見ている側が居心地よくありません。 ★ドアの窓から「どの部分を見せるか」、子どもの年齢に合わせて工夫すると楽しさアップ!! 🐾 ここでひと声かけると、子どもたちは保育者を見ながら自然に手を動かしたり声を出したりします。 🐾 大きな動作をするとわかりやすいのと同時に保育者のパワーが子どもたちのパワーと共鳴して一体感が生まれます。
③ 1・2の3！　あ～、よかった！ ペンギンさん、いらっしゃい！ ヒツジさん、お誕生日おめでとう！ありがとう!! ・「1・2の3！」に合わせてドアを開ける。「あ～、よかった！」のポーズ（手を胸の前で交差させる）をする。ドアを外す。ペンギンを中央から移動させる。		🐾 ドアノブを持って開けると、まるで本当にドアが開いたように見えます。子どもたちは想像の世界でいきいきとイメージして楽しむことができます。 🐾 次の動物を舞台裏で仕込むためにここで一度ドアを外します。 🐾 ペンギンの移動は、次の場面でドアを置くための準備です。

第5章

せりふ・演じ方	場　面	ここがポイント！
④ あっ！ また誰か来たよ！ ピンポ〜ン！ ♪（歌）ピンポ〜ン… ・ドアの後ろにおばけを重ねて出す。 ・大きな動きで演じる。		👣 ②と同様・後ろを見せない。 👣 ドアをまっすぐに貼る。 👣 窓からどこを見せるか工夫する。
⑤ ♪（歌）ピンポ〜ン… １・２の３！ キャー！！！　なんだ!?　この叫び声は？　逃げろー！ ・「１・２の３！」に合わせてドアを開ける。 ・両手を大きく万歳させながら「キャー！」を叫ぶ。 ・おばけを外し、ドアを外す。		👣 ここで、どれだけ自分の枠を打ち破って思いっきり演じられるかが勝負です!! 子どもたちも一緒になってはじけて表現を楽しむことができます。 ★実はここがこの作品の魅力です。演じ手から見ると子どもたちがいっせいに自分のほうを見て「キャー！」とか「あ〜、よかった」のポーズをしてくれます。まるで舞台俳優になったような感覚ですよ！
⑥ ありがとう！みんなの声にビックリしておばけが逃げて行ったね。 あれっ？また誰かきたみたい。 ピンポ〜ン！ ♪（歌）ピンポ〜ン… １・２の３！ ・笑顔でやさしく語りかける。 ・ドアの後ろに絵人形を重ねて出す。 ・大きな動きで演じる。		👣 ０〜２歳児の子どもたちのなかには「おばけ」をとても怖がる子がいるので笑顔ややさしい言葉かけで安心させると落ち着いて次の場面に集中できます。
⑦ 「ねずみ、ひよこ、こぶた、おばけ」を好きな順番に②〜⑥の要領で子どもたちと楽しく歌遊びをしながら登場させる。	👣 ①子どもたちの様子を見て、疲れたり集中力が落ちているときは、登場する動物を１〜２個減らし、短くしましょう。臨機応変な子どもへの対応が大切です。 👣 ②ドアから出てくる動物は子どもたちの好きなキャラクターや身近な保育者、園で飼育している動物などを入れると子どもたちは大喜び!! クリクリした目をしてひときわ大きな歓声が上がります！	
⑧ さあ、みんなそろったから誕生日パーティーをはじめましょう。 ほら、お誕生日ケーキ!! ・子どもたちの期待を受け止める感じで語る。 ・ケーキを出す。 ・動物たちをケーキのまわりに置く。		👣 子どもたちのほうを見て「おまたせ！」「まってました！」と体全体で表現しましょう。

第5章　実習でパネルシアターを演じる　93

せりふ・演じ方	場　面	ここがポイント！
⑨ え〜ん、え〜ん！ 僕も入れて〜！ みんなとお友だちになりたいの…… ・泣いているおばけを出す。		🐾 おばけになったつもりで、自分も泣き顔で演じましょう。 ★プチ役者の気分で!!
⑩ みんな、仲間に入れてあげてもいい？ ありがとう！ ・子どものほうを見て話す。 ・涙を外し、おばけを笑顔にする。		🐾 このときは「先生」になって、子どもに問いかけましょう。 🐾 スムーズにおばけを変身させましょう。 ★おばけの笑顔を「パッ！」と出すと子どもの気持ちとズレがなくなります。共感度があがり、子どもたちと一体感が生まれます。
⑪ 今日は、ヒツジちゃんの5歳のお誕生日！ろうそくを5本立てましょう。みんなでハッピーバースデイの歌でお祝いしましょう。♪ハッピバースデイ トゥーユー……♪ ヒツジちゃん、お誕生日おめでとう!! ・ろうそく5本をケーキの上に出す。手拍子をしながら子どもたちと一緒に楽しくうたいましょう。		🐾 ロウソクを6本用意しておくと、1〜6歳のお誕生日に対応できます。 🐾 みんなよく知っている歌は子どもも気持ちよく大きな声でうたえます。 🐾 お誕生会でこのパネルシアターをやるときは子どもの名前も歌詞のなかに入れて一緒にうたうとよいでしょう。

作品詳細 BOOK!　藤田佳子著『みんなわいわいパネルシアター』（大東出版社、2007）

hint & idea

絵人形をお誕生月のお友だちに！

「ピンポ〜ン」の作品例のなかで紹介したように、歌の歌詞を誕生月の子どもの名前に替えてうたうほか、ひつじやペンギンを子どもの絵の絵人形に替えると、お誕生会でさらに子どもたちが喜びます。

また、絵人形の男の子と女の子の顔の部分に、お誕生月の子どもたちの写真を貼れば、実際のクラスの子どもたちに変身！　写真の裏にPペーパーを貼ると簡単に写真もくっつきます！
いろいろなアレンジを自分で考えてみるのもよいでしょう。

♪ ピンポ〜ン

作詞 藤田佳子　作曲 竹内庸子

ピン ポン ピン ポーン だれかなー ピン ポン ピン ポーン はーい だあれ
おばけが でたら キャー おばけじゃ なければ あー よかったー
さあ とびらを あけてみ ようー いち に の さん

手遊び ── 「ピンポ〜ン」

♪ピンポン ピンポ〜ン
① チャイムを押すしぐさ。

♪だれかな
② 手を変えて体を左右に傾ける。

♪ピンポン ピンポ〜ン
③ くり返し（①と同じ）。

♪は〜い だあれ
④ 子どもたちを見渡しながら。

♪おばけがでたら
⑤ 手をブラブラとゆらす。

♪キャー
⑥ 勢いよく腕をあげる。

♪おばけじゃなければ
⑦ 顔の前で手を振る。

♪あー、よかった
⑧ 胸の前で腕を交差する。

♪さあ とびらをあけてみよう
⑨ 手拍子をする。

♪いち、にの、さん！
⑩ 歌の最後でドアノブをもってドアを開ける。

事例

子どもたちの声でいきいきと
（保育所・3歳以上児クラス・午前の活動）

　保育所の部分実習で「ピンポ〜ン」のパネルシアターを演じました。子どもたちにドアを見せ「これなんだと思う？」と投げかけると「窓！」「玄関！」などの答えが返ってきましたが、「ドア」という答えが返ってこなかったので、「これね、『ドア』だよ。お客さんがくるときは、どんな音を鳴らして入ってくる？」と進めました。子どもたちからは「トントン！」「ガチャガチャ！」という答えが返ってきましたが、「ピンポ〜ン」という答えが出ず、「お客さんは『ピンポ〜ン』と音を鳴らして入ってくるんだよ」と押しすぐさで伝えました。「今日はね、ここでパーティーがあって、お客さんが『ピンポ〜ン』と入ってくるよ。今から手遊びをしながらお客さんを呼ぶから、みんなも覚えてきたら一緒にうたってね」と言い、ピンポ〜ンと鳴らしました。「あ、誰かきたよ。誰かな？」と言うと、「ペンギンだよ！」「くちばし！」など、次々と声が上がりました。ピンポ〜ンの歌をうたいドアを開けると「やっぱり！」「僕、あたったよ！」とみんな喜んだ様子でした。しかし反応としては、前から順に3歳児、4歳児、5歳児と並んでいたのですが、5歳児が一番反応し3歳児はじっと見つめていることが多かったです。

　また、最初におばけの話をするのを忘れてしまったため、「みんなさっき歌にも出てきたけど、おばけがきちゃったらどうする？」とつけ足しました。子どもたちは「こわーい」「僕おばけ怖くないよ」と口々に言い合っていました。そこで「みんな、もしこのドアからおばけが出てきちゃったら『キャー！』って言っておばけを追い払っちゃおうね」と声をかけました。また、ねずみを隠したときドアだけが落下し、ねずみが出てきてしまいました。子どもたちは「あー！ねずみさんだ」「ねずみさん、みーつけた」との声。そこで「あら、ねずみさん出てきちゃった。ねずみさん、どうしたの？　あっ、ねずみさん、みんなに早く会いたくて出てきちゃったんだって！」と言うと、子どもたちは「ビックリした」「おばけじゃなくて、よかった」などと言っていました。ドアが落ちてしまうという突然の事態でしたが、子どもたちも私もそれに驚き、笑顔になり、その意外性を楽しみました。3歳児のなかには、ドアが壊れちゃったという子もいて、絵人形を本物のようにして見ていたので、「ドアを直そうね」と言葉かけをしました。少し緊張気味だった子もみんなと大笑いをし、私自身も楽しんだことで、そこから場の雰囲気が一体化したように感じました。

　手遊びを何度もしていくうちに、5歳児は歌と手遊びを、4歳児も戸惑いつつも合わせて動いてくれました。3歳児の子どもはただじっと見ているだけの子もいれば、「キャー！」のところだけ大きな声でうたってくれたりとさまざまでした。

感想　今回、はじめて子どもたちの前でパネルシアターをやることとなり、とても緊張しました。授業で演じたときは2人組だったのですが、それを一人用に少し変えて家で5〜6回ほど鏡の前で練習しました。しかし実際は子どもたちとのかけ合いがアドリブの連続で、本当に台本はあってもないようなものだと、その意味を理解することができました。また、年齢別の反応をみることができてよかったです。遊びのなかで個々にかかわっていても違いを感じるのですが、同じところで同じものを見ているという環境のなかで見る様子は、本当に年齢によって異なるのだと実感しました。子どもたちはこちらが思う以上に人の表情を見ているし、雰囲気や様子を把握する力があるので、何よりも自分が楽しんで演じることが大切だと思いました。自分がつくったパネルシアターで子どもたちが喜んでくれたのでうれしかったし、自信をもつことができるようになりました。

学生の実習の様子がいきいきと伝わってきますね。

　「玄関！」と子どもたちが答えた場面での対応で、この実習生は子どもの声に対して「あたり！」と答えずにいます。しかし、この作品では「ドア＝玄関ドア」なので、子どもの声に「あたり！　そう、玄関。玄関ドアです！」と答えて子どもの心を受け止めてあげるとよかったでしょう。子どもたちの笑顔がパッと広がったはずです。

　ドアが落下して、ねずみが見えてしまった場面での対応は、予想外の落下でびっくりしたことと思いますが、パニックにならずに子どもたちの声を上手に受けて、アドリブでお話を続けたことはすばらしいですね。絵人形の落下が失敗どころか、そのハプニングを共有することで一体感が生まれています。まさに「失敗は成功のもと」です。この経験は実習生の自信にもつながっていますね。

　年齢によって反応が違っていますが、5歳児は話を聞いて理解する力や自分の感じたことを表現する力があるため、実習生の問いかけにどんどん答えています。それに比べて3歳児は反応がないように見えますが、「じっと見ている」ことからもわかるように実はパネルシアターの世界を十分に楽しんでいます。まだそれを表現できないだけです。発達差のある異年齢集団のなかで、乳児や年少の子どもたちは、年中・年長の活発なやりとりや歌で盛り上がった一体感、友だちと喜びを共有する経験を積み上げています。異年齢集団で演じるときは、乳児や年少の子どもたちの顔を見ながらも年中・年長を中心に進めていきましょう。

■ 保育への展開──絵人形をお誕生日カードなどいろいろと利用してみよう

　お誕生日の子どもの顔写真を体だけを描いたPペーパーに貼り、登場させると子どもたちは大喜びです。さらに、ダンボールにパネル布を貼ったお誕生日カードにその顔写真人形をつけて、プレゼントしてもよいでしょう。

　この写真人形はお当番表や出席表など、子どもたちが自分で貼ったり動かしたりする教材にもなります。子どもは仕事を自ら進んでやる喜びを味わったり、自分のやることやクラスのなかでの「自分」ということをだんだん意識するきっかけになるでしょう。

■ 異年齢で演じる場合には──2歳児の場合

　2歳児に「ピンポ〜ン」をやるには手遊びとパネルシアターとを同時に楽しむのがむずかしいので、パネルシアターをやる前日に「手遊び：ピンポ〜ン」を子どもたちと一緒にやっておきます。当日、「きのう、みんなとやった手遊びを覚えている？　その手遊びに合わせてパネルシアターをやるよ」と言葉かけをしてパネルシアターをはじめます。みんな手遊びをよく覚えていて、パネルシアターに合わせてすぐに一緒にうたいながら手遊びができます。登場した動物やおばけに合わせて「あ〜、よかった」「キャー！」も元気よく参加するでしょう。パネルシアターがおわってからも、「ピンポ〜ン」の歌をうたいながら遊んでいたり、「ピンポ〜ンごっこ」の遊びに発展していくことがよくあります。

　子どもたちは心から楽しんだことをいろいろな形に発展させていきます。パネルシア

ターは子ども参加型のコミュニケーション教材なので「自分が主人公」になった気持ちで楽しんでいるため、ほかの遊びによく発展しています。

> **column**
> **実習に役立つ「ピンポ〜ン」について**
>
> 　この作品は、『みんなわいわいパネルシアター』に収録されているもののしかけを少なくしたり、色塗りが簡単にできるようにしたりして、実習生が簡単に製作できるように下絵をシンプルにしたものです。以下、本書掲載の実習に役立つ「ピンポ〜ン」の下絵を掲載しますので、ぜひ参考にしてみてください。また、保育現場で日常的に使える子どもの名前カードの役割をする下絵（男の子と女の子）も追加してあります。
>
> 　また、行事や季節に合わせて、「おばけ」を「鬼」にしたら「節分」、「サンタクロース」にしたら「クリスマス」と……、この作品はさまざまにアレンジすることができます！　歌や手遊びもそれに合わせて考えるとよいでしょう。替え歌にしても楽しいですね。動物もいろいろ追加したり、みなさんのアイディアで好きなものにして演じることもできます。

下絵 ── 実習に役立つ「ピンポ〜ン」

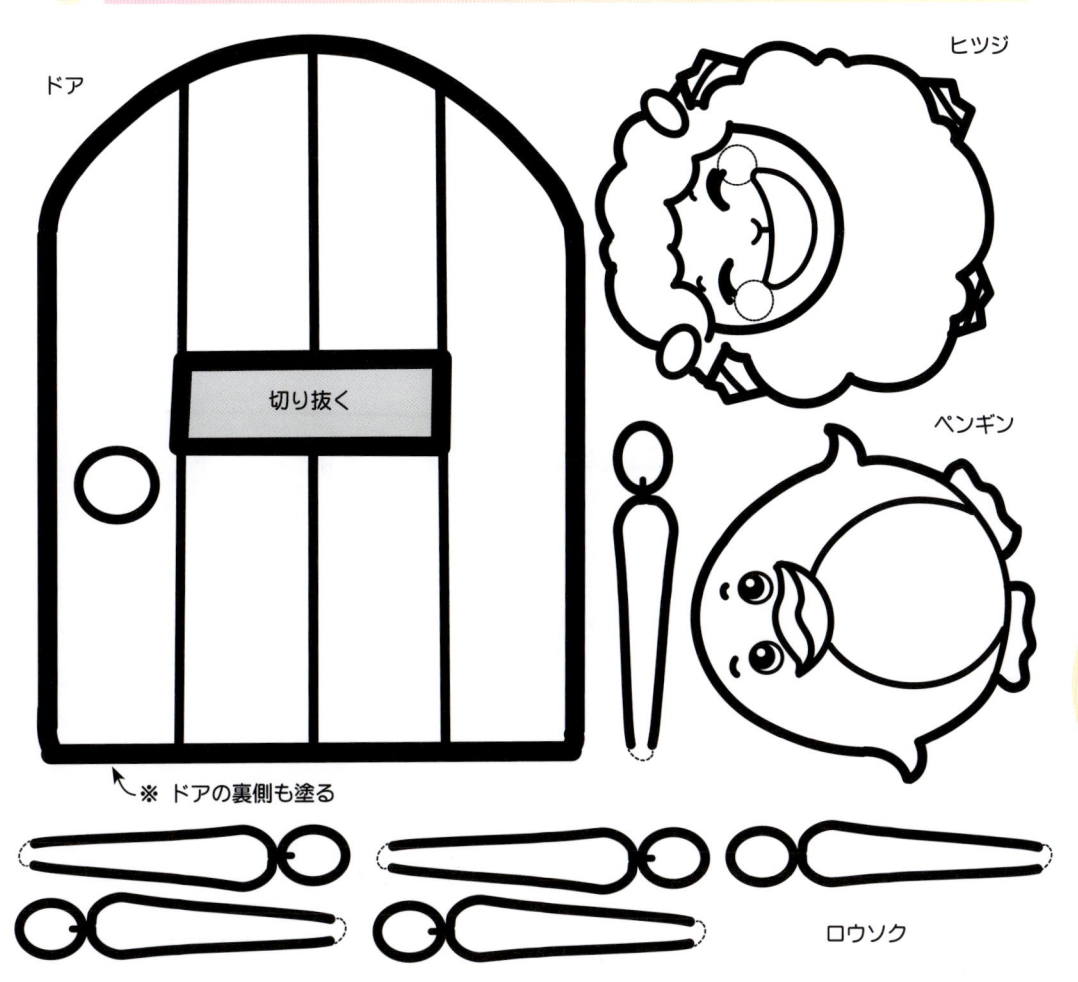

ドア
切り抜く
※ドアの裏側も塗る

ヒツジ

ペンギン

ロウソク

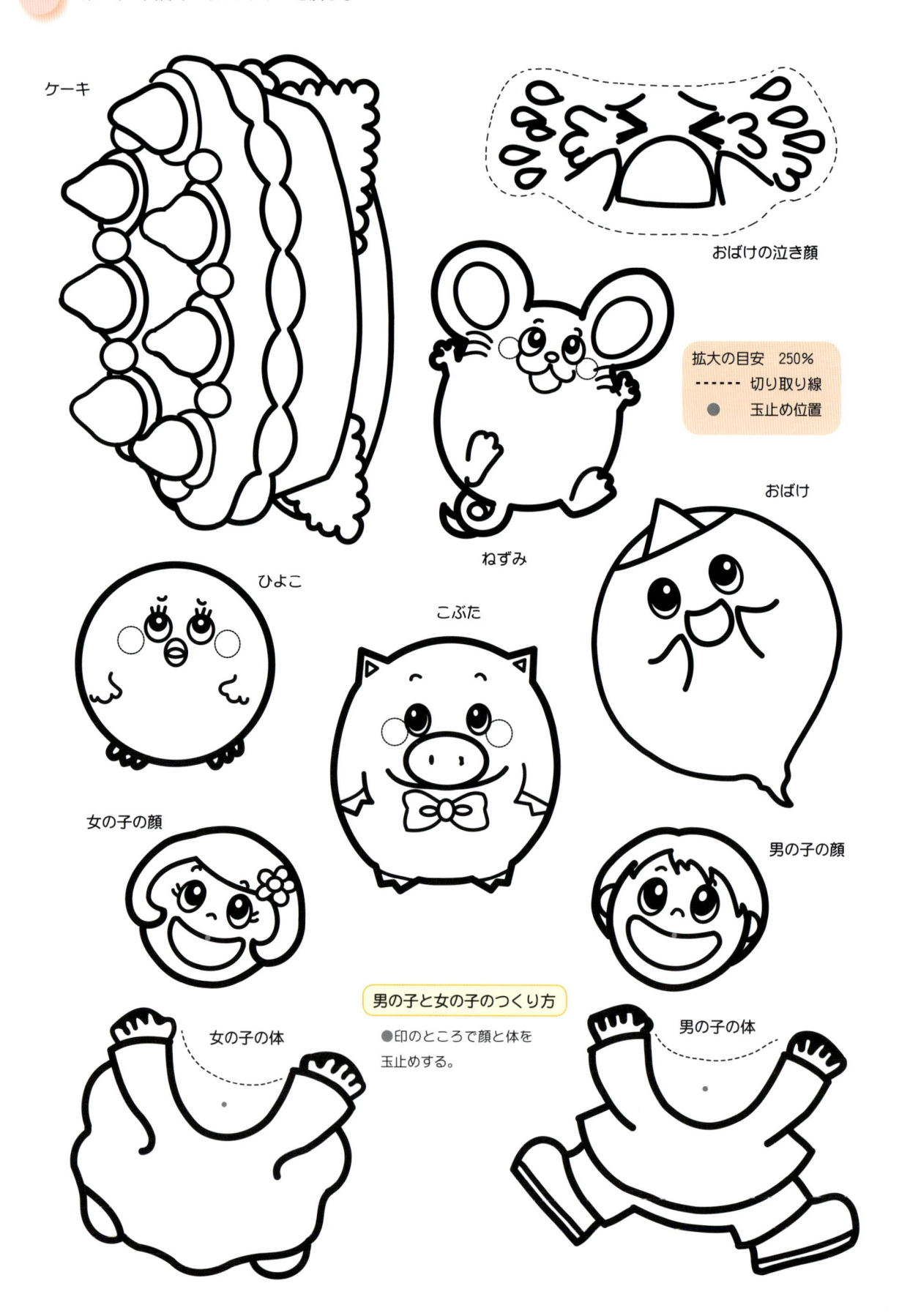

98　第5章　実習でパネルシアターを演じる

ケーキ

おばけの泣き顔

拡大の目安　250％
------ 切り取り線
● 玉止め位置

おばけ

ねずみ

ひよこ

こぶた

女の子の顔

男の子の顔

女の子の体

男の子と女の子のつくり方
●印のところで顔と体を玉止めする。

男の子の体

おわりに ──パネルシアターをはじめるみなさんに向けて

　パネルシアターには簡単に取り組める作品とむずかしい作品があります。はじめのうちは手軽に扱えそうなものから取り組んでください。上手にできなくても真剣に演じてください。途中で間違いもあるかもしれません。それでもみなさんのまじめな姿はきっと子どもの心に届くことと思います。子どもは本気になって応えてくれます。子どもとの間に生まれる一体感はパネルシアターの醍醐味です。本物の味わい、本物の楽しさおもしろさが感じられたら幸せです。

　ただしあまり緊張しすぎると見るほうも緊張して固くなってしまいます。長く息をはいて、そして大きく息を吸ってみましょう。4～5回くり返し、少し気が楽になったら可能な限り、大きな声を出してみましょう。できるだけ口を開いて、わかりやすく伝えられるよう心がけてみましょう。みなさんの笑顔にみんなホッとする安心感がもたらされることも忘れずに演じてください。みなさんの明るい声、明るい態度に子どもたちの笑顔が、子どもたちの明るく元気な声がかえってきます。パネルシアターを囲んでいる子どもたちと笑顔の交換をし、明るい保育がたくさん生まれることを期待します。

　パネルシアターに限らず、絵本にしても紙芝居にしてもよいでしょう。また、パネルシアターをきっかけとして楽しい児童文化財が生まれることもうれしいことです。世界にたった一つしかないあなたの演じる作品が広く子どもたちに笑顔で迎えられる日のくることを望みます。そこにはあなた自身の人間的な成長がきっとあるはずです。

　パネルシアターを縁として、松家先生も藤田先生もいきいきと明るく生活しています。創作する喜びを味わいつつ、日本中の子どもたちばかりでなく世界の子どもたちや学生のみなさん、保育者のみなさんとも笑顔の交流会を続けています。もちろん、私自身もそんなうれしい体験をパネルシアターを通してたくさん味あわせてもらいました。

　こうした現場体験を生かして綴った本書が、読者の実践や実習へのよりよい手引きにとなりますことを心より願っています。

2009年5月

編者　古宇田 亮順

巻末資料 ① ― 新作！ パネルシアター作品

子どもたちに夢と感動を与える!!

新作！ パネルシアター作品

本書著者等の新作のパネルシアター作品を紹介します。本文のつくり方や実践事例に取り上げている作品もありますので、本文と合わせて参考にしてぜひ演じてみましょう。

ぐんぐん大きくなった！

作・絵　松家まきこ

セリフとPペーパーの操作	場　面
① ・葉っぱの間にアオムシを挟んでおき、一緒に出す。 ・葉っぱをずらしてアオムシを見せる。 あれれ？　葉っぱの中から小さなアオムシくんが出てきましたよ。「ぼく、大きくなりたいな」 さあ、アオムシくんが大きくなるためにはどうしたらいいかしら。 ・子どもたちの反応を聞いてから。 そうね、いっぱい食べて、いっぱい遊んで、いっぱいねんねしたら、きっとぐんぐん大きくなりますよ。みんなもお母さん指を出して、一緒にうたいましょう。 ・人差し指を出して手遊びをしながらうたう。 ♪小さな　小さな　アオムシくん　小さな　小さな　アオムシくん　いっぱい食べて　いっぱい遊んで　いっぱいねんねして　ぐんぐんぐんぐん　ぐんぐんぐんぐん　大きく大きくなっちゃった　パッ！ ・パッのところで両手をかざし変身パワーを送る。	
② ・2枚の葉っぱを裏返してチョウの羽にし、アオムシの体につける。 わぁ、チョウチョさんになっちゃった！ 「ひらひらひら〜　お空って気持ちいい」	
③ ・オタマジャクシの池を出す。 さぁ、今度はだあれ？ そう、小さなオタマジャクシ！　また大きくなれるかな？ ♪小さな　小さな　オタマジャクシ　小さな　小さな　オタマジャクシ　いっぱい食べて　いっぱい遊んで　いっぱいねんねして　ぐんぐんぐんぐん　ぐんぐんぐんぐん　大きく大きくなっちゃった！　パッ！ ・パッのところで両手をかざし変身パワーを送る。	

巻末資料①──新作！パネルシアター作品

セリフとPペーパーの操作	場　面
④ ・オタマジャクシの池を2つに分けて裏返し、カエルにする。 わぁ、カエルさんになっちゃった！ 「ぴょ〜んぴょん　楽しいな！」	
⑤ ・草むらとカタツムリを重ねて出す。 ・草むらをずらしてカタツムリを見せる。 さぁ、今度はだあれ？ そう、小さなカタツムリ！　また大きくなれるかな？ ♪小さな　小さな　カタツムリ　小さな　小さな　カタツムリ　いっぱい食べて　いっぱい遊んで　いっぱいねんねして　ぐんぐんぐんぐん　ぐんぐんぐんぐん　大きく大きくなっちゃった　パッ！ ・パッのところで両手をかざし変身パワーを送る。	
⑥ ・小さなカタツムリをいったん草むらの間に挟んで裏返し、頭を出して、大きなカタツムリにする。 わぁ、大きなカタツムリさんになっちゃった！ 「まってまって、ぼくもいるよ」 あれれ？ かわいい赤ちゃんカタツムリが出てきましたよ。 そうか、カタツムリさん、お母さんになったのね。すてき！　赤ちゃんカタツムリさんもおんぶしてもらっていいな。みんなもいっぱい食べて、いっぱい遊んで、いっぱいねんねして、大きく大きくなろうね。	

演じるときのポイント！

　年少組から年長組まで、幅広い年齢の子どもに喜んでもらえる作品です。絵人形が少なくつくりやすいうえ、小さなパネル板でも演じられるので、実習の際も取り入れやすいでしょう。絵人形の裏返し（表裏）のしかけを使って、変身するところが作品の見せ場です。さっと裏返して、スムーズに演じられるように練習しましょう。手遊びも作品を盛り上げます。とくに、「♪ぐんぐん　ぐんぐん」の部分は楽しい動きで子どもたちが大好きなところです。また「パッ！」と変身パワーを送るとき、クラスみんなの気持ちが一つになって、一体感を味わうことができます。少しオーバーかな！と思うくらい大きなジェスチャーで元気いっぱい演じましょう！　作品を楽しんだあと、チョウやカタツムリのペープサートを子どもたちとつくり、歌をうたったり、壁面に生かしたりしてもよいでしょう。自分たちの成長に気づく進級や身体測定の時期にもぴったりです。

巻末資料 ① ── 新作！パネルシアター作品

♪ ぐんぐん大きくなった！

作詞・作曲　松家まきこ

ちいさな ちいさな あおむしくん　ちいさな ちいさな あおむしくん
おたまじゃくし　　　　　　　　　おたまじゃくし
かたつむり　　　　　　　　　　　かたつむり

いっぱい たべて　いっぱい あそんで　いっぱい ねんねして

ぐん ぐん ぐん ぐん　ぐん ぐん ぐん ぐん　おおきく おおきく なっちゃった　パッ

手遊び ──「ぐんぐん大きくなった！」

♪ちいさな ちいさな
① 人差し指で小さな円を描く。

♪あおむしくん 
② 人差し指をくねくねさせてあおむしのまねをする。同じ動作をくり返す。

♪いっぱい食べて 
③ 食べるまねをする。

♪いっぱい遊んで 
④ 腕を元気に振る。

♪いっぱい 
⑤ 両手で大きな円を描く。

♪ねんねして 
⑥ おやすみのポーズ。

♪ぐんぐん ぐんぐん ♪ぐんぐん ぐんぐん 
⑦ 胸の前で合わせた手をジグザグに上へあげていく。

♪大きく ♪なっちゃっ　大きく た 
⑧ 両手で大きな円を描きながら力こぶのポーズ。「なっちゃった」も同じ動作をくり返す。
歌に合わせて2回くり返す。

♪パッ 
⑨ 両手を前に出して変身パワーを出す。

ちょうちょさんになっちゃった！ひらひらひら〜 
⑩ 手のひらでちょうちょをつくり遊ぶ。

2番
♪おたまじゃくし 
② 人差し指同士をくっつけくねくねさせ、おたまじゃくしのまねをする。

かえるさんになっちゃった！ケロケロぴょーん！ 
⑩ 両手を下につけてかえるのまねをする。

3番
♪かたつむり 
② 人差し指でぐるぐるとかたつむりの渦巻きを描く。

大きなかたつむりさんになっちゃった！角も大きいよ！ニョキニョキ 
⑩ 人差し指を頭の上にのせて、カタツムリの角をつくり遊ぶ。

巻末資料①──新作！パネルシアター作品　103

下絵 ──「ぐんぐん大きくなった！」

葉1（表）　葉2（表）

※つくり方については、本文 p.41 〜47 を参照してください。

アオムシの顔

チョウの羽1（裏）

拡大の目安　240%
------ 切り取り線
● 玉止め位置

チョウの羽2（裏）

草むら（表）

アオムシの体

カタツムリ（小）

※ アオムシ、カタツムリ（大）の玉止めのしかたは、本文 p.47 参照。

オタマジャクシの池2（表）

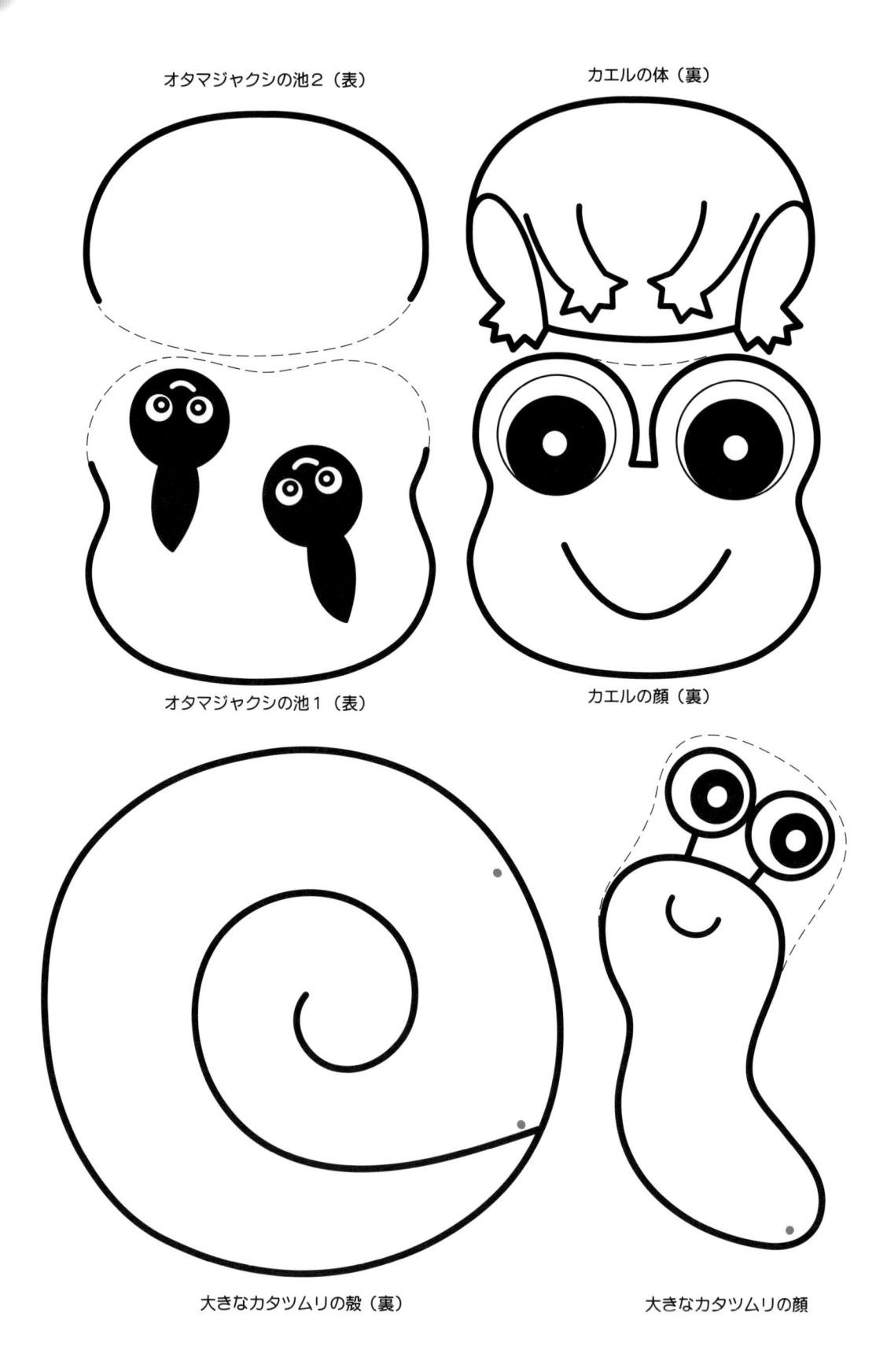

カエルの体（裏）

オタマジャクシの池1（表）

カエルの顔（裏）

大きなカタツムリの殻（裏）

大きなカタツムリの顔

巻末資料 ① ── 新作！パネルシアター作品

落としたどんぐり

作　古宇田亮順　　え　松家まきこ

セリフとPペーパーの操作	場　面
① ・野原に玉止めでつながったモグラくんを重ねて、ポケットに入れて貼っておく。（下図参照） リスさんが大きなどんぐりをもって野原にやってきました。「こんなに大きなどんぐりを見つけちゃった。うれしいな」と、ひとりごとを言いながら歩いていましたが、ちょっとつまずいてそのどんぐりを落としてしまいました。「あれ！　いけない」と追いかけたのに、どんぐりはころころ転がって穴ぼこに落ちてしまいました。 ・どんぐりを大きく動かし、穴のところへ差し込む。 ＜野原の裏＞ 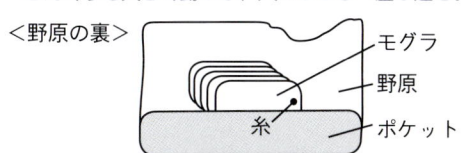　モグラ／野原／糸／ポケット	
② 「よし、ぼくの力で引き上げるぞ」と、一生懸命どんぐりを引っ張りましたが、なかなか動きません。ちょうどそこにやってきたのは、ウサギさんです。「ねえ、この穴にどんぐりを落としたの。一緒に引っ張ってよ」と、ウサギさんに頼みました。「うん、いいよ」と、ウサギさんはリスさんの体につかまって一緒に引っ張りました。 「よいしょ、よいしょ」と2人で引っ張りましたが、少しも動きません。「おかしいなぁ、もう1回やってみよう。みんなにも一緒に応援してもらおう」 ・観客の子どもたちに呼びかけて、大きな声で。 「よいしょ、よいしょ」と、引っ張りましたが動きません。	
③ そこにキツネさんがやってきて、「何してるの？」と聞かれたので、「どんぐりをこの穴に落としたの。でも、なかなか動かないから引っ張っているの」と話すと、「そうか、それならぼくも手伝ってあげるよ」と、キツネさんもウサギさんの背中につかまりました。リスさんは喜んで、「さあ、みんな一緒に引っ張ろう。1、2、3、よいしょ、よいしょ」と2〜3回くり返しましたが、まだまだ穴から出てきません。	

セリフとPペーパーの操作	場　面
④ すると、ウサギさんが「ねえ、おかしいよ、穴の中から"オーエス、オーエス"という声が聞こえてくるよ」と言い出したので、みんなも耳をすませてみると、「オーエス、オーエス」という声が聞こえてきました。「うわ〜、穴の中でも誰かがこのどんぐりを引っ張っているみたい。よ〜し、負けるもんか、がんばって引き抜いちゃえ！」リスさんたちもまた「よいしょ、よいしょ」と引っ張りました。すると、穴の中からはますます大きな声が、「オーエス、オーエス」と聞こえてきます。どこからかトリさんも飛んできて「わぁ、おもしろそう！　がんばれ、がんばれ！」と、応援します。	
⑤ そこに今度は大きなクマさんがやってきました。「何してるの？」と聞かれたので、「この穴に落ちたどんぐりが抜けないから引っ張ってるの。クマさんは力がありそうだから手伝ってよ」とリスさんが頼むと、「ああ、ぼくは力持ちだから、こんなの簡単だよ」と言って、キツネさんの背中につかまりました。 みんなそろって大きな声で、「1、2、3、よいしょ、よいしょ」と引っ張ると、穴の中から「オーエス、オーエス」という声とともにモグラくんの頭が見えてきました。「なんだ、モグラくんが引っ張ってたのか。よーし、負けないぞ。それ、よいしょ、よいしょ」（トリさんも）「がんばれ、がんばれ！」	
⑥ 全員で引っ張ったら、その勢いでみんなの手が離れて倒れてしまいました。するとどうでしょう。どんぐりもポーンと飛び出して、ほら、ぞろぞろぞろ〜っとモグラくんたちが続いて穴から「負けた、負けた！」と言いながら出てきました。 ・野原の穴から糸止めでつながったモグラくんたちを引き出す。 「な〜んだ。こんなに大勢いたのか」と、リスさんたちはびっくりぎょうてん！ クマさんなんか、一番大きな口を開けて、「わぁ〜びっくりした！」と言うものですからみんな大笑い。 でも、穴からどんぐりが出てきてよかったね。 おしまい。	

演じるときのポイント！

　野原の地面の裏に、玉止めでつながったもぐらを小さくまとめて隠しておきます。話の最後の場面で、もぐらたちがつながって出てきます。先頭のモグラを持ったら、親指をパネル板に押しつけるようにしながら、斜め上に引き出すと、スムーズに出てきます。つくる際、玉止めをきつくしすぎないのもポイントです。作品の見せ場ですから、何度か引き出す練習をして、子どもたちを「わ〜〜!!」と驚かせてあげましょう。このように、登場人物が徐々に増えていくお話は演じやすい作品です（絵人形の差し替えが少なく、間ができにくいため）。パネルシアター作品のなかでもとくに子どもと一緒になってかけ声を出し合う観客参加型のお話なので、みんなで元気いっぱいに遊べる楽しい作品です。

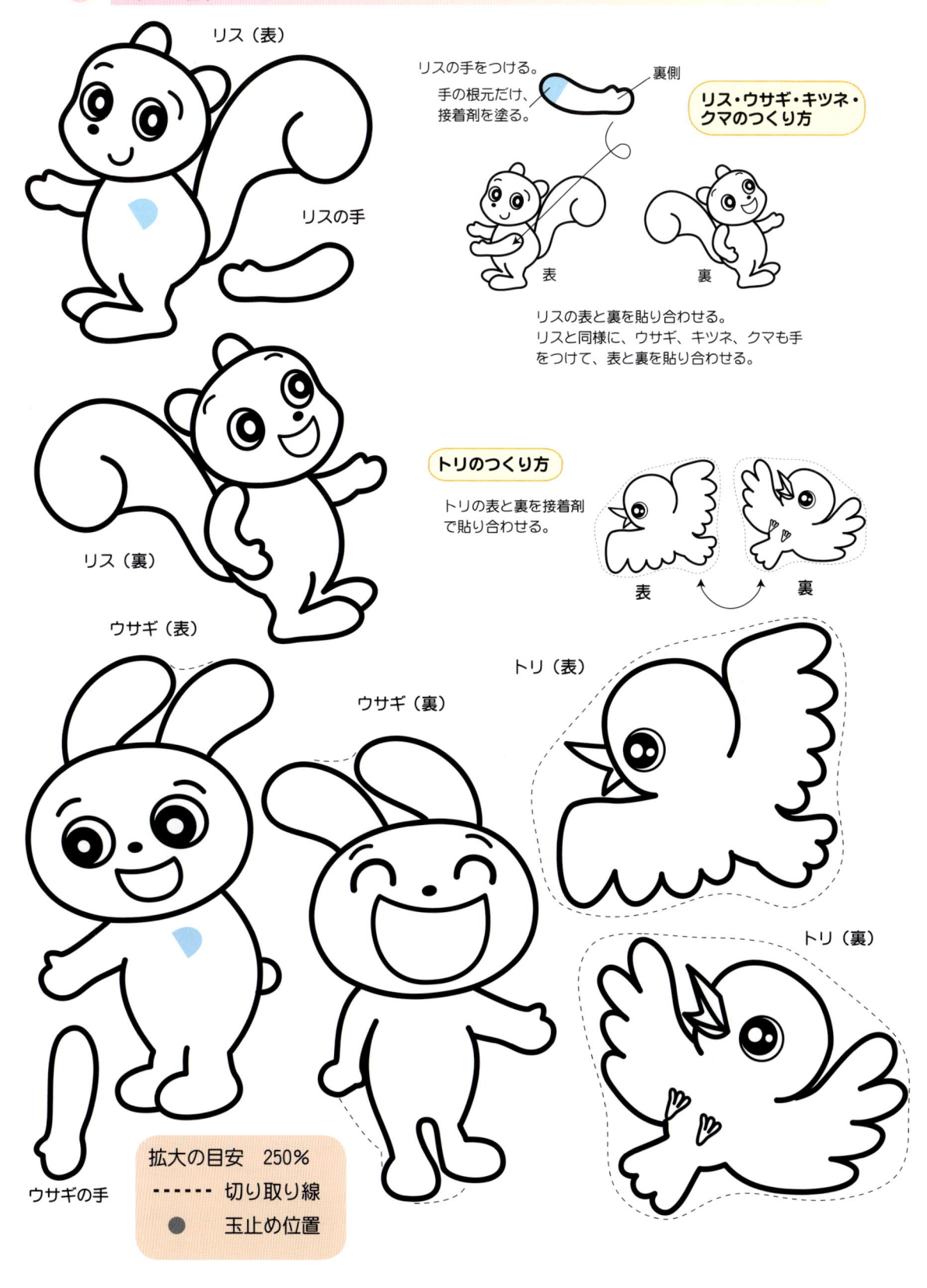

巻末資料 ① ── 新作！ パネルシアター作品　107

下絵 ──「落としたどんぐり」

リス（表）

リスの手をつける。
手の根元だけ、
接着剤を塗る。

裏側

リス・ウサギ・キツネ・クマのつくり方

表　　裏

リスの表と裏を貼り合わせる。
リスと同様に、ウサギ、キツネ、クマも手をつけて、表と裏を貼り合わせる。

リスの手

トリのつくり方

トリの表と裏を接着剤で貼り合わせる。

表　　裏

リス（裏）

ウサギ（表）

ウサギ（裏）

トリ（表）

トリ（裏）

ウサギの手

拡大の目安　250％
------　切り取り線
●　　玉止め位置

108　巻末資料①──新作！パネルシアター作品

キツネ（表）　　　　　　　　キツネ（裏）

キツネの手

クマの手　　　クマ（表）　　　クマ（裏）

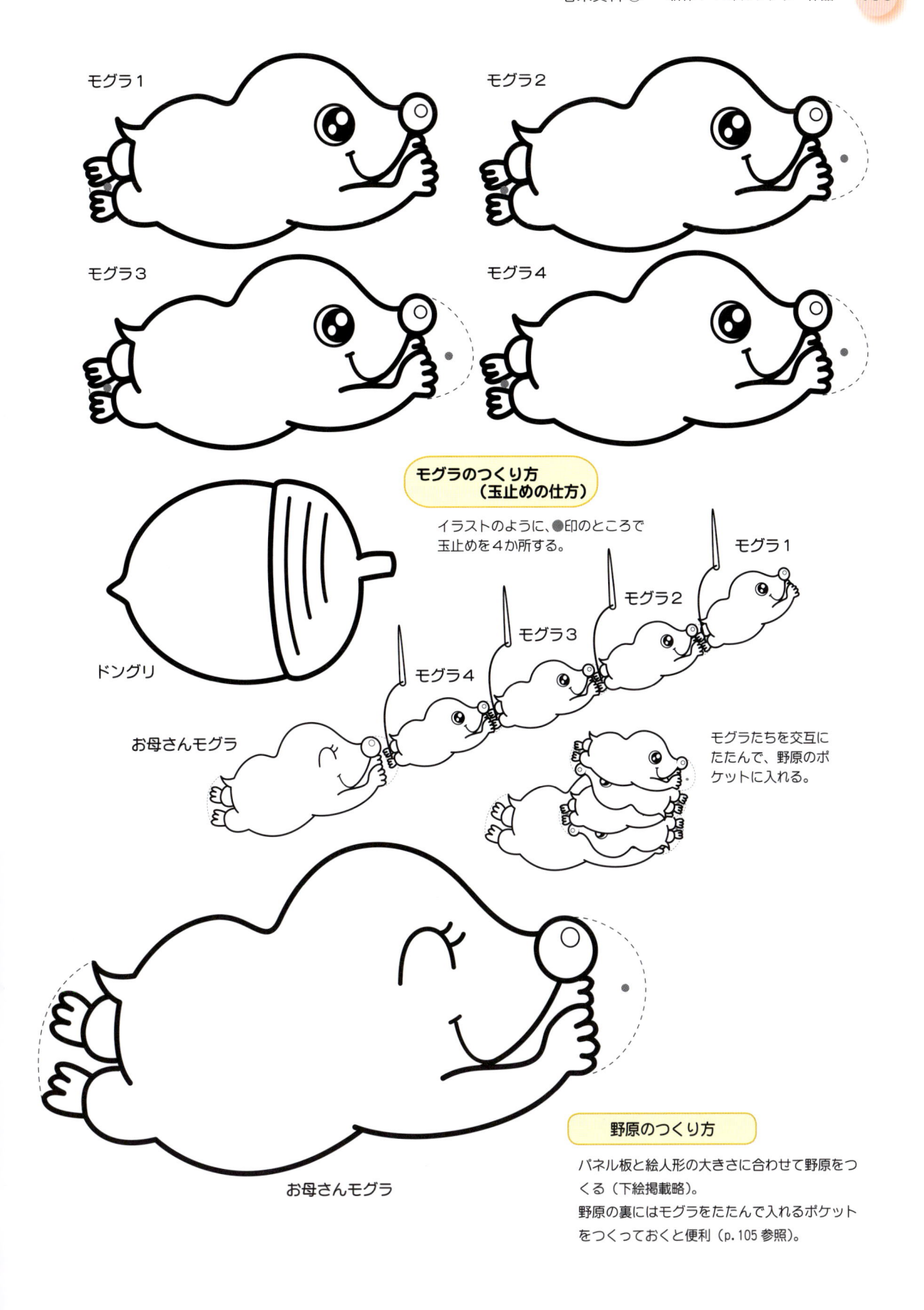

巻末資料① ── 新作！パネルシアター作品　　109

モグラ1

モグラ2

モグラ3

モグラ4

ドングリ

モグラのつくり方
（玉止めの仕方）

イラストのように、●印のところで玉止めを4か所する。

モグラ1
モグラ2
モグラ3
モグラ4

お母さんモグラ

モグラたちを交互にたたんで、野原のポケットに入れる。

お母さんモグラ

野原のつくり方

パネル板と絵人形の大きさに合わせて野原をつくる（下絵掲載略）。
野原の裏にはモグラをたたんで入れるポケットをつくっておくと便利（p.105参照）。

犬のおまわりさん

構成　藤田佳子　え　吉野真由美

演じ方と「犬のおまわりさん」楽譜・歌詞については、本文p.72〜76を参照してください。

下絵 ——「犬のおまわりさん」

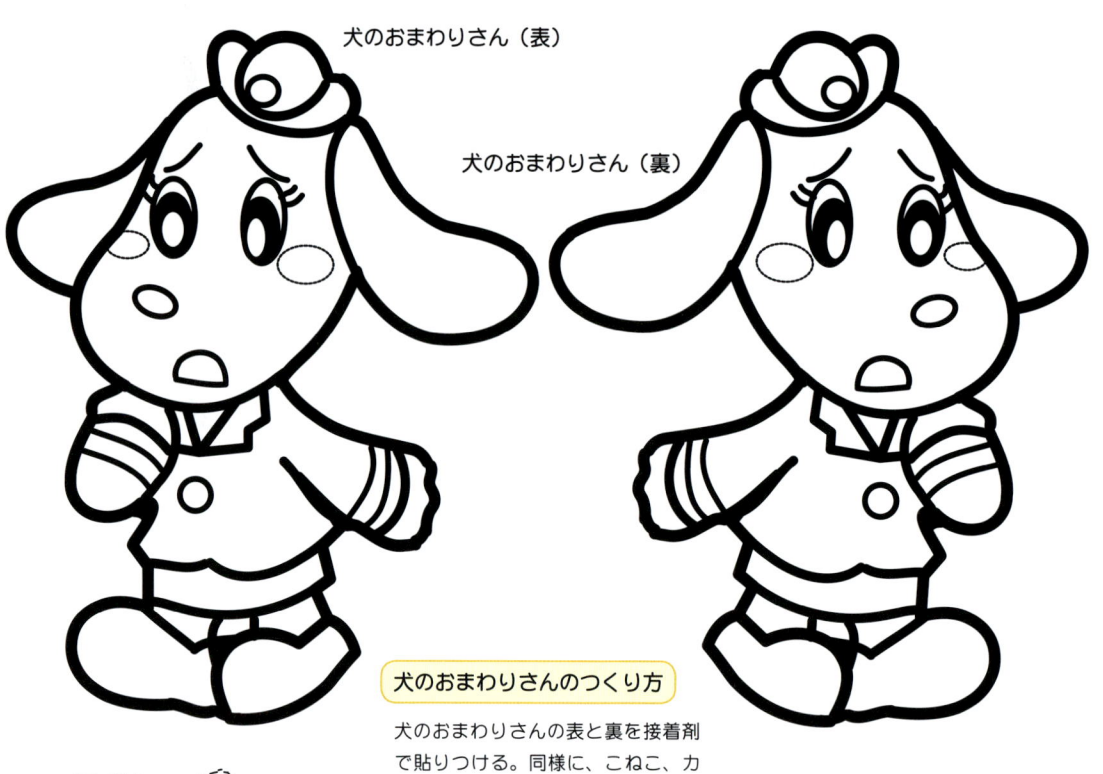

犬のおまわりさん（表）

犬のおまわりさん（裏）

犬のおまわりさんのつくり方
犬のおまわりさんの表と裏を接着剤で貼りつける。同様に、こねこ、カラス、トラも表と裏を貼り合わせる。

涙（左）

涙（右）

拡大の目安　200％
------ 切り取り線

こねこ（表）　　こねこ（裏）

巻末資料 ① ── 新作！パネルシアター作品　111

「なまえ」文字（表）　　？マーク（小）（裏） 　　「おうち」文字（表） 　　？マーク（大）（裏）

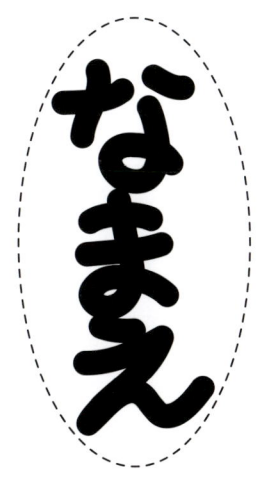

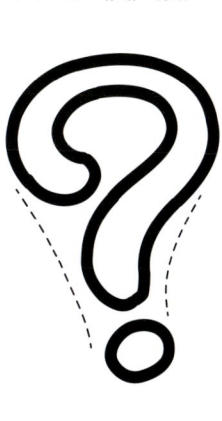

「なまえ」「おうち」のつくり方
「なまえ」と？マーク（小）、「おうち」と？マーク（大）を貼り合わせる。

こねこの笑顔のつくり方
こねこの笑顔の絵人形の裏にパネル布を貼る。

犬のおまわりさん（笑顔）

こねこ（笑顔）

コアラの赤ちゃん

コアラのお母さん

巻末資料① ── 新作！パネルシアター作品

トラ（表）   トラ（裏）

カラス（表）

カラス（裏）

巻末資料①——新作！パネルシアター作品　113

カンガルーのお母さんのつくり方
ポケットの入り口（点線部分）にカッターで切り込みを入れる。

カンガルーのお母さん

カンガルーの赤ちゃん1

カンガルーの赤ちゃん2

カンガルーの赤ちゃん3

こねこのお母さん

スズメ

巻末資料② パネルシアターおすすめ作品紹介

　本書で紹介したパネルシアター作品のほかにもたくさんのすてきなパネルシアター作品があります。筆者らが選んだ保育現場や実習の際、ぜひ演じてほしいパネルシアター作品の一部を五十音順に掲載しました。

　パネルシアター作品名、作者（作：作者オリジナル、脚本：お話のアレンジ者、構成：歌などの構成のアレンジ者を示す）、絵および作品の掲載されている書籍、作品の簡単な紹介を掲載しました。作品を選ぶ際の参考にしてください。

アイアイ
構成：古宇田亮順／絵：月下和恵
古宇田亮順・月下和恵共著『たのしいパネルシアター』大東出版社、1993

　子どもたちが大好きな歌。かわいいお猿さんがいっぱい出てきます。
　「アイアイ！」「アイアイ！」とかけ合いを楽しみながら、リズムにのって元気いっぱいに演じましょう。

あれは何者だ
作：古宇田亮順／絵：小林雅代
古宇田亮順著『ことばあそび・うたあそびパネルシアター』東洋文化出版、1988

　光ってるものは何かを当てるクイズ遊び。シンプルな絵でつくるのが簡単なのに、ブラックパネルシアターの効果大で楽しい作品。ピカピカ光る蛍の光が「わぁ～」と感動を呼びます。

赤ずきんちゃん
脚本：古宇田亮順／絵：松田治仁
古宇田亮順著『パネルシアターを作る3』東洋文化出版、1982

　グリム原作。赤ずきんちゃんとオオカミのやりとりにハラハラドキドキ！赤ずきんちゃんを助けようと、子どもたちは声を出して応援します。セリフを覚えて演じましょう。

あわてんぼうのサンタクロース
構成：阿部恵／絵：松田治仁
古宇田亮順著『パネルシアターを作る3』東洋文化出版、1982

　クリスマスの季節にぴったりのブラックパネルシアター。サンタさんの踊りがとっても楽しい作品です。
　暗幕（遮光カーテン）やブラックライトは事前に準備しておきましょう。

雨ふりくまの子
構成：古宇田亮順／絵：松田治仁
古宇田亮順著『パネルシアターを作る4』東洋文化出版、1984

　6月の実習の季節にぴったりの歌。パネルシアターで見せてあげるとすぐに歌詞を覚えてくれます。お話のように演じてみせてからみんなでうたってもよいでしょう。

あわぶくかくれんぼ
構成／絵：藤田佳子
古宇田亮順編『うたってパネルシアター』大東出版社、1995

　あわのなかに隠れた動物が何かを当てるクイズ遊び。あわを少しずつずらしてヒントを見せます。最後はシャワーであわを落としてすっきり。衛生指導にも役立ちます。

巻末資料 ② ── パネルシアターおすすめ作品紹介

いないいないばあ
作：阿部恵／絵：たじまじろう

阿部恵著『せいさくパネルシアター』東洋文化出版、1987

小さな子どもにもわかりやすく演じやすい作品です。「だれかな？」と問いかけたり、みんなで一緒に「いない いない ばあ！」と言いながら顔を見るのも楽しいでしょう。

宇宙へとびだせ一週間
作：古宇田亮順／絵：小林雅代

古宇田亮順著『ことばあそび・うたあそびパネルシアター』東洋文化出版、1988

「にんじんロケットじんじんじん〜月に向かった月曜日♪」と、楽しい歌にのって野菜ロケットが宇宙へ飛び出します。ブラックパネルシアターならではの夢あふれる作品。

大きな大根
脚本：古宇田亮順／絵：松田治仁

古宇田亮順著『パネルシアターを作る2』東洋文化出版、1980

ロシア民話。「うんとこしょ、どっこいしょ」とみんなで声をそろえて応援します。最後に予想以上に大きな大根が抜けると大喜び。しかけが楽しく、劇遊びの導入にも最適です。

おちたおちた
作：高橋司／絵：松家まきこ

高橋司著『パネルシアター保育・実践講座』大東出版社、1996

「おちたおちた」「な〜にがおちた」のかけ声でおなじみの作品。絵を見てとっさにおへそや頭を隠します。好きな絵を加えても楽しいですよ。簡単につくれてみんなでくり返し遊べます。

おばけなんてないさ
構成／絵：月下和恵

古宇田亮順著『パネルシアターを作る4』東洋文化出版、1984

ブラックパネルシアターならではの楽しくて不思議なしかけがいっぱい。夏のお泊り保育やお誕生会にぴったり。歌詞を覚えてみんなで元気にうたいましょう。

おはようクレヨン
構成：関稚子／絵：杉山範子

関稚子著『パネルシアターであそぼ』大東出版社、1996

かわいいクレヨンがおいしい朝ごはんに変身！楽しい歌詞がパネルシアターにぴったり。子どもが絵を描いてペープサート遊びに発展させてもよいでしょう。

おはようさん
作：古宇田亮順／絵：松田治仁

古宇田亮順著『パネルシアターを作る1』東洋文化出版、1980

「すてきなあいさつおはようさん♪」明るい歌に合わせて保育者も子どももおひさまもニコニコ。この作品を見たら誰だって元気にあいさつしたくなってしまいます。

おもちゃのチャチャチャ
構成：古宇田亮順／絵：松田治仁

古宇田亮順著『パネルシアターを作る2』東洋文化出版、1980

童謡の名曲がブラックパネルシアターによって、幻想的で楽しい世界をつくり出します。リズムに合わせた絵人形の動きが美しく、子どもたちの心に響く作品です。

かさじぞう
脚本：古宇田亮順／絵：松田治仁

古宇田亮順著『パネルシアターを作る1』東洋文化出版、1980

雪の日におじいさんが笠をかぶせてあげたお地蔵さんたちが恩返しをしてくれる昔話。日本古来の温かな心情と語りの楽しさを伝えられる作品です。

カレーライス
構成／絵：月下和恵

月下和恵著『てづくりのパネルシアター1』東洋文化出版、1987

「にんじん・たまねぎ〜♪」楽しい手遊びに合わせて、材料をグツグツ煮込み、お鍋のふたを開けると……びっくり！おいしいカレーができました！しかけが楽しい傑作です。

きれいなお窓

構成：古宇田亮順／絵：松田治仁

古宇田亮順著『パネルシアターを作る3』東洋文化出版、1982

かわいいお家からいろいろな動物が顔を出します。子どもとのやりとりを楽しみながら窓を開けましょう。シンプルで演じやすく、小さなパネル板でも演じられます。

げんこつ山のたぬきさん

構成：古宇田亮順／絵：松田治仁

古宇田亮順著『パネルシアターを作る2』東洋文化出版、1980

親しみやすい歌で親子たぬきの絵が楽しい作品。手遊びを交えてくり返し遊びましょう。「じゃんけんぽん」で、絵に隠された「グー」「チョキ」「パー」が出てくるのもびっくり！

サンドイッチ

構成／絵：井村亜由美

古宇田亮順監・TEP 著『ワンツーステップ パネルシアター』大東出版社、2008

「お弁当箱の歌」のサンドイッチバージョン。手遊びの振りつけが楽しく、ちょっとオーバーに演じると盛り上がります。野菜たっぷり栄養満点のサンドイッチが完成します！

三びきのやぎとトロルのおはなし

構成：藤田佳子／絵：吉野真由美

カラーパネルシアター『三びきのやぎとトロルのおはなし』アイ企画、2004

北欧民話。トロルとヤギのやりとりと戦いの場面が見せ場です。くり返しのストーリーで子どもにもわかりやすく演じやすい作品。劇遊びの導入にもぴったりです。

シャボン玉とばせ

作：古宇田亮順／絵：松田治仁

古宇田亮順著『パネルシアターを作る1』東洋文化出版、1980

「ぷっぷくぷ～♪」と出てくる色とりどりのシャボン玉に胸がわくわく。夢いっぱいの楽しい作品です。動物たちの後ろ姿と美しい虹のラストシーンが心に残る名作です。

しょうじょう寺のたぬきばやし

構成：古宇田亮順／絵：松田治仁

古宇田亮順著『パネルシアターくもの糸』大東出版社、1991

かわいいたぬきがゆかいにおどる作品。絵人形が少なく、つくりやすくて演じやすいブラックパネルシアターです。「ぽんぽこぽんのぽん♪」とみんなでおどっても楽しいですね。

すうじの歌

構成：古宇田亮順／絵：松田治仁

古宇田亮順著『パネルシアターを作る1』東洋文化出版、1982

「数字の1はな～に？工場のえんとつ モクモク♪」遊びながら数字の関心を高めるのに最適。テンポもゆっくりで、演じやすい作品です。くり返しうたって遊びましょう。

すてきなお手紙

作／絵：松家まきこ

古宇田亮順監・TEP 著『ワンツーステップ パネルシアター』大東出版社、2008

ポストを開ける瞬間「誰からのお手紙かな？」とドキドキワクワク。クイズ遊びとお話の楽しさが一緒になった作品です。ポストに子どもの描いた絵や手紙を入れて遊べます。

せんたく変身しゃわらららん

作／絵：松家まきこ

ミニカラーパネルシアター『せんたく変身しゃわらららん』アイ企画、2008

けんちゃんがお洗濯した「くつした」「てぶくろ」「ぼうし」が、ウサギの「耳」やチョウチョの「はね」、ライオンの「たてがみ」になっちゃった！演じやすくて楽しいお話です。

そうだったらいいのにな

構成：阿部恵／絵：たじまじろう

阿部恵著『ときめきパネルシアター』東洋文化出版、1989

夢が広がる楽しい歌。歌詞を覚えて元気いっぱいうたいましょう。「～だったらいいのにな？」を子どもと考えて替え歌をつくったり、絵を描いたりしても楽しいですね。

巻末資料 ② ── パネルシアターおすすめ作品紹介   117

そっくりさん
作／絵：松家まきこ

松家まきこ著『保育いきいきパネルシアター』
大東出版社、2008

顔を隠した2匹の動物は双子みたいにそっくり！いったい誰かな？「クイズ遊び」と「いないいないばあ遊び」の両方が楽しめて幅広い年齢の子どもに人気の作品です。

だ・あ・れ？
作：藤田佳子／絵：吉野真由美

藤田佳子著『みんなわいわいパネルシアター』
大東出版社、2007

草むらに隠れた動物は誰でしょう？音楽に合わせて鳴き声のヒントをうたえば、子どもたちが元気いっぱいに答えてくれます。歌詞を英語でうたっても楽しいですよ。

たこ焼きパクッ！
構成：藤田佳子／絵：吉野真由美

藤田佳子著『みんなわいわいパネルシアター』
大東出版社、2007

ゆかいな手遊びに合わせて楽しくお料理。本物そっくりのたこ焼きは本当においしそう！手遊びははじめはゆっくりうたい、慣れてきたらだんだん早くすると盛り上がります。

七夕
脚本／絵：月下和恵

古宇田亮順・月下和恵著『ブラックパネルシアター
光いっぱい夢いっぱい』アイ企画、1995

おり姫とひこ星のお話をわかりやすく伝える作品。ブラックパネルシアターならではの美しい天の川が夜空への思いを膨らませます。「たなばたさま」の歌もうたいましょう。

誰のあしあと？
作：古宇田亮順／絵：松家まきこ

ミニカラーパネルシアター『誰のあしあと？』
アイ企画、2008

ネコやウサギ、カエルにクマ……いろんな動物の足あとに興味津々！演じやすく、子どもの声も引き出しやすいクイズ遊びです。動物園の遠足の前に演じてもよいでしょう。切ってすぐに使えるカラー印刷された作品です。

だれの手
作：古宇田亮順／絵：松田治仁

古宇田亮順著『パネルシアターくもの糸』大東出版社、1991

手を見て何の動物かを当てるクイズです。「いないいないばあ遊び」も楽しめます。いろんな動物の手の形に関心をよせたあとは、手形やスタンプ遊びをしても楽しいでしょう。

小さな庭
構成：古宇田亮順／絵：月下和恵

古宇田亮順著『ことばあそび・うたあそびパネルシアター』
東洋文化出版、1988

子どもたちに人気の手遊びがパネルシアターになった作品。ゾウのシャワーでお世話をしたら、大きな大きなお花が咲きました！しかけの楽しい作品です。

どうぶつカード
作：古宇田亮順

古宇田亮順著　マジックパネルシアター『どうぶつカード』
メイト、2006

誰でも簡単にできる手品のパネルシアター。8枚のカードを並べ替えるだけで、子どもが選んだ「どうぶつカード」をぴたりと当てます。

どんぐりころころ
構成：古宇田亮順／絵：松田治仁

古宇田亮順・中島宏著『パネルシアターピクニック』
大東出版社、1992

おなじみの童謡がパネルシアターでいっそうすてきな作品に。季節感たっぷりで物語を見ているような楽しさです。遠足の前に見せてあげれば、自然への関心も高まるでしょう。

とんでったバナナ
構成：古宇田亮順／絵：松田治仁

古宇田亮順著『パネルシアターを作る3』東洋文化出版、1982

一本のバナナがいろいろなところへ飛んでいって冒険をする歌。「バ〜ナ〜ナン♪」のリズムに思わず体もおどり出します。パネルシアターならではのしかけが生きた傑作です。

なんだろう三角

作/絵：古宇田亮順

古宇田亮順著『パネルシアターを作る2』東洋文化出版、1980

同じ大きさの三角形だけを組み合わせて、山・チョウ・家・風車……と、いろいろな絵をつくって遊びます。遊びながら形への認識を高め、「三角2つで四角になる」という発見も。

なんでもボックス 12 ヶ月

作/絵：松家まきこ

松家まきこ著『保育いきいきパネルシアター』大東出版社、2008

何でも入るプレゼントボックスはとっても便利。春はチューリップ、夏はアイス、秋は焼いも、冬はサンタさんに節分の鬼の絵を入れて……毎月楽しめます。クイズや自己紹介にも使えます。

のはらに咲いた

作：古宇田亮順／絵：小林雅代

古宇田亮順著『ことばあそび・うたあそびパネルシアター』東洋文化出版、1988

花から飛び出すきれいなチョウチョ。ずらし貼りの楽しさが生きた作品です。「黄色いチョウチョは何匹いるかな？　数えてみようね」と遊びながら色や数への関心を高められます。

畑のポルカ

構成／絵：月下和恵

月下和恵著『てづくりのパネルシアター1』東洋文化出版、1987

「一番目の畑に〜♪」とポルカのリズムに合わせて絵人形がおどります。楽しい歌詞は子どもたちもすぐに覚えてしまいます。手拍子をしながら元気にうたいましょう。

はみがきのうた

構成／絵：古田純子

古宇田亮順編『うたってパネルシアター』大東出版社、1995

いろいろな動物の楽しい歯ブラシが出てくる歌。歯の痛いネコちゃんもヤギの歯医者さんに歯みがきの仕方を教えてもらったらピカピカに！歯みがき指導にぴったりです。

パンダうさぎコアラ

構成：藤田佳子／絵：吉野真由美

古宇田亮順監・TEP著『ワンツーステップ パネルシアター』大東出版社、2008

子どもたちに人気の手遊びがパネルシアターになった作品。絵人形の配置を並べ替え、動物の順番を変えてうたったり、「いない いない ばあ 遊び」を楽しんだりして幅広く遊べます。

パンダさんこんにちは

作／絵：後藤恵子

古宇田亮順編『うたってパネルシアター』大東出版社、1995

パンダちゃんが「こっちを向いて・あっちを向いて♪」と元気におどります。頭と体を別々に描き、配置を変えてさまざまなポーズを楽しむ「2体変身」の技法を生んだ元祖の作品。

へんしんポテト

作／絵：松家まきこ

古宇田亮順編『うたってパネルシアター』大東出版社、1995

畑のポテトが家族の大好きなメニューに変身！コロッケ、サラダ、グラタン、肉じゃが、スープ……みんなおいしそう。「サクッ」「トロ〜リ」などの歌詞が楽しく演じやすい歌遊び。

ポンポンポケット

作：古宇田亮順／絵：月下和恵

古宇田亮順著『パネルシアターを作る4』東洋文化出版、1984

さるくんのポケットからはバナナが、うさぎちゃんのポケットからは……？　しかけが楽しく、子どもとのやりとりも盛り上がります。パネル板がなくても演じられます。

まるい卵

構成：古宇田亮順／絵：松田治仁

古宇田亮順著『パネルシアターを作る3』東洋文化出版、1982

卵から出てくるかわいいひよこ、へび、あひる、かいじゅう。親子で寄り添う温かな雰囲気を絵人形の動きで表現します。手遊びが楽しくくり返し楽しめます。

巻末資料 ② ── パネルシアターおすすめ作品紹介　119

まんまるさん
作：古宇田亮順／絵：松田治仁

古宇田亮順著『パネルシアターを作る2』東洋文化出版、1982

いろいろな色や大きさの○から耳が出て……、かわいい動物に変身します。つくりやすく、演じやすく、おもしろい！子どもとのやりとりも盛り上がる楽しい作品です。

みんなの広場
構成／絵：月下和恵

月下和恵著『てづくりのパネルシアター1』東洋文化出版、1987

楽しい遊び歌。どうぶつ村の広場にいろいろな動物の親子がやってきます。かけ合いの歌が楽しく、「ワンワン」「ブーブー」と鳴き声をまねて元気にうたいましょう。

やおやのおみせ
構成：古宇田亮順／絵：月下和恵

古宇田亮順著『ことばあそび・うたあそびパネルシアター』東洋文化出版、1988

みんなで楽しめる言葉遊び。出てくる絵人形が野菜なら拍手、違ったら「ないよ」とポーズをします。絵の位置を替えたり早うたったりするといっそう盛り上がります。

山の音楽家
構成：古宇田亮順／絵：松田治仁

古宇田亮順著『パネルシアターを作る3』東洋文化出版、1982

童謡の名曲。かわいい動物たちが繰り広げる森の音楽会。「キュキュキュッキュッキュッ」「ポコポンポンポン」と手遊びしながらうたいましょう。楽器遊びの導入にもおすすめです。

山のワルツ
構成：古宇田亮順／絵：松田治仁

古宇田亮順著『パネルシアターを作る2』東洋文化出版、1980

すてきな山の幼稚園にかわいい動物が次々とやってくる歌。時計の針が動くのが楽しく、登場する動物を身近なキャラクターや子どもの描いた絵にかえて遊ぶこともできます。

パネルシアター製作に関する材料の情報

絵人形をつくるPペーパー　　　MBSテック130番、180番（本書推奨）
舞台に用いるパネル布　　　　　日本不織布3150番（本書推奨）

　なお、パネルシアターの作品（つくり方・演じ方・下絵など）は「東洋文化出版」「大東出版社」「アイ企画」「メイト」等の出版社が多くの書籍を発刊しています。
　「大東出版社」「アイ企画」等では、Pペーパーおよびパネル布、パネル舞台（イーゼル）等の販売も行っていますので、購入に関しては各出版社にお問い合わせください。また、大型書店の保育図書コーナーでも、Pペーパーやパネル布を取り扱っているところもあります。
　※ 弊社では、Pペーパーおよびパネル布の取り扱いおよび販売は行っていません。ご了承ください。

本書参考文献一覧

(五十音順)

- 阿部恵著『せいさくパネルシアター』東洋文化出版、1987
- 阿部恵著『ときめきパネルシアター』東洋文化出版、1989
- 古宇田亮順著『ことばあそび・うたあそびパネルシアター』東洋文化出版、1988
- 古宇田亮順著『パネルシアターくもの糸』大東出版社、1991
- 古宇田亮順編著『パネルシアターであそぶコブタヌキツネコ』大東出版社、2007
- 古宇田亮順著『パネルシアターを作る1〜5』東洋文化出版、1980〜1985
- 古宇田亮順・阿部恵著『こうざパネルシアター ──初歩から応用まで』東洋文化出版、1981
- 古宇田亮順監・高橋司著・三島麻記子(松家まきこ)絵『パネルシアター保育・実践講座』大東出版社、1996
- 古宇田亮順監・月下和恵著『てづくりのパネルシアター1』東洋文化出版、1987
- 古宇田亮順・月下和恵著『たのしいパネルシアター』大東出版社、1993
- 古宇田亮順・月下和恵著『ブラックパネルシアター ──光いっぱい夢いっぱい』アイ企画、1995
- 古宇田亮順監・TEP(代表：藤田佳子)著『ワンツーステップ パネルシアター』大東出版社、2008
- 古宇田亮順・中島宏著『パネルシアターピクニック』大東出版社、1992
- 古宇田亮順編・松家まきこ他著『うたってパネルシアター』大東出版社、1995
- 古宇田亮順作・松家まきこ絵 ミニカラーパネルシアター『誰のあしあと？』アイ企画、2008
- 関稚子著『パネルシアターであそぼ』大東出版社、1996
- 関稚子著『またまたパネルシアターであそぼ』大東出版社、2004
- 高橋司編著・三島麻記子(松家まきこ)絵『パネルシアター百科』四恩社、1999
- 月下和恵著『不思議がいっぱいパネルシアター』アイ企画、1999
- 藤田佳子構成・吉野真由美絵 カラーパネルシアター『三びきのやぎとトロルのおはなし』アイ企画、2004
- 藤田佳子著『みんなわいわいパネルシアター』大東出版社、2007
- 藤田佳子著『よっちゃんのわいわいパネルシアター』大東出版社、2004
- 藤田佳子著『わくわくドキドキ英語でパネルシアター』アイ企画、2002
- 藤田佳子著・石井たか子絵『Enjoyパネルシアター』大東出版社、1999
- 松家まきこ著『保育いきいきパネルシアター』大東出版社、2008
- 松家まきこ作／絵 ミニカラーパネルシアター『せんたく変身しゃわらららん』アイ企画、2008

著者紹介

(執筆順)

編者　古宇田　亮順（こうだ　りょうじゅん）
（担当：第1章）

- コミュニケーション型児童文化財「パネルシアター」の創案・創始者。
- 1973年に「パネルシアター」を創案、その発明普及により、1981年、正力松太郎賞受賞。NHK、日本テレビ等出演。海外講義等、多数。
- 神奈川県座間市教育委員会を経て、淑徳大学講師、文京学院大学講師等を歴任。現在、西光寺住職（両国）。
- おもな著書　『パネルシアターを作る　傑作選』（大東出版社）、『パネルシアターくもの糸』（大東出版社）、『ブラックパネルシアター』（アイ企画）、他多数。

松家　まきこ（まつか　まきこ）
（担当：第2章、第3章）

- 淑徳大学講師。パネルシアター作家。パネルシアターグループ「ぴょんぴょん」主宰。
- 学生時代からパネルシアター部員として制作および公演活動を行う。東京都公立幼稚園教諭、鶴見大学短期大学部講師を経て、現在。全国の幼稚園・保育所・子育て支援センター・小学校・児童館等で公演および講習会を行うかたわら、家庭教育相談員としても活躍。大妻女子大学卒業。
- おもな著書　『保育いきいきパネルシアター』（大東出版社）、『うたってパネルシアター』（大東出版社）、ミニカラーパネルシアター『せんたく変身しゃわらららん』『誰のあしあと？』（アイ企画）、他多数。

藤田　佳子（ふじた　よしこ）
（担当：第4章、第5章）

- 淑徳大学准教授。パネルシアター教育研究会代表。パネルシアター研究会「TEP」代表。
- 学生時代にパネルシアターグループを結成。アメリカ在住中には、英語パネルシアターグループを誕生させ、保育所・学校・図書館等で定期公演。日本各地でパネルシアター公演や講習会の講師として活躍中。アジア・中南米など海外公演・講演も行う。東京女子大学卒業。
- おもな著書　『みんなわいわいパネルシアター』、『Enjoyパネルシアター』（大東出版社）、『わくわくドキドキ英語でパネルシアター』（アイ企画）、他多数。

本書協力者・園

写真撮影協力　　大輪　省伍
（表紙写真、各章扉写真）

写真撮影協力園　練馬区立光が丘あかね幼稚園
（第4章）

作品イラスト　　吉野　真由美
（第4章：犬のおまわりさん、第5章：実習に役立つ「ピンポ〜ン」）

<装　丁>	レフ・デザイン工房
<本文イラスト>	西田ヒロコ

実習に役立つ パネルシアターハンドブック

2009年6月23日　　初版第1刷発行	編　　者　古宇田亮順
2018年4月1日　　初版第5刷発行	発行者　服部直人
	発行所　㈱萌文書林

〒113-0021 東京都文京区本駒込6-25-6
tel(03)3943-0576　fax(03)3943-0567
(URL) http://www.houbun.com
(e-mail) info@houbun.com

印刷/製本　シナノ印刷㈱

〈検印省略〉

© Ryojun Kouda 2009, Printed in Japan

ISBN 978-4-89347-136-9　C3037

日本音楽著作権協会（出）許諾 第0905743-805号